安徽省数字文化产业质量发展策略研究

陈少锋 著

河海大学出版社
·南京·

图书在版编目（CIP）数据

安徽省数字文化产业高质量发展策略研究 / 陈少锋著. -- 南京：河海大学出版社，2025.5. -- ISBN 978-7-5630-9725-8

Ⅰ. G127.54-39

中国国家版本馆CIP数据核字第2025PE0250号

书　　名 / 安徽省数字文化产业高质量发展策略研究
ANHUI SHENG SHUZI WENHUA CHANYE GAO ZHILIANG FAZHAN CELÜE YANJIU
书　　号 / ISBN 978-7-5630-9725-8
选题策划 / 未来趋势
责任编辑 / 齐　岩
文字编辑 / 李河沐
特约校对 / 李国群
装帧设计 / 未来趋势
出版发行 / 河海大学出版社
地　　址 / 南京市西康路1号（邮编：210098）
电　　话 /（025）83737852（总编室）
　　　　　（025）83722833（营销部）
经　　销 / 全国新华书店
印　　刷 / 三河市元兴印务有限公司
开　　本 / 710毫米×1000毫米　1/16
印　　张 / 13.75
字　　数 / 231千字
版　　次 / 2025年5月第1版
印　　次 / 2025年5月第1次印刷
定　　价 / 89.80元

前　言

2022年2月17日，国家发展改革委、中央网信办、工业和信息化部、国家能源局联合印发通知，全国一体化大数据中心体系完成总体布局设计，"东数西算"工程正式全面启动。安徽省作为"东数西算"长三角地区枢纽省份，"芜湖集群"位列十大数据中心集群之一，"东数西算"工程的数据流将引领带动资金流、人才流、技术流等向社会经济各领域全面持续渗透。同时党的二十大报告对繁荣发展文化事业和文化产业也作出重要部署，提出"实施国家文化数字化战略"。习近平总书记指出："要顺应数字产业化和产业数字化发展趋势，加快发展新型文化业态，改造提升传统文化业态，提高质量效益和核心竞争力。"文化数字化是建设文化强国的重要抓手，是文化产业转型升级的内在要求，在这样的背景下，安徽省数字文化产业迎来了实现高质量发展的重大机遇。

一、研究现状

（一）数字技术与文化产业关系的相关研究

近年来，随着数字技术的快速发展和互联网的高度普及，以及国家对数字文化产业发展的高度重视，数字技术与文化产业的关系成为近年来学界研究的热点，其主要方向有二：一是侧重研究数字技术对文化产业的渗透和影响，如方辉的《基于数字技术背景下的文化产业高质量发展》（2021）认为以互联网、大数据、人工智能等为代表的数字技术使文化数据成为生产要素，推进了文化生产消费大众化、提升了文化产品的供给质量，对文化产业发展产生了重大影响。二是侧重研究文化产业对数字技术的融合与利用，如范周的《数字经济变革中的文化产业创新与发展》（2020）阐述了面对数字化转型，文化产业在内容供给上要实现数字技术与文化创新的协调；在消费层面要兼顾网络应用及内容供给的区域均衡发展；在监管层面要加强网络内容版权监管、构建互联网文化生态圈，以期实现文化产业的数字革命。国外的相关研究有英国学者约翰·汤普森的《图书之战：出版业的数字革命》（2021）、美国学者帕特里克·雅各达的《实验游戏：游戏化时代的批判、体验和设计》（2020）、加拿大学者杰米·巴伦的《重用、误用、滥用：数字时代的音像盗用伦理学》（2020）等，这些研究分别从数字出版、数字游戏、数字影视等不同角度阐释了数字时代文化产业的新变化、面临的问题以及机遇。以上研究表明了传统文化产业正在经历一场数字化的转型升级大变革，也为本研究的开展提供了坚实的理论基础。

（二）区域数字文化产业发展的相关研究

安徽省正在实施长三角一体化发展规划，长三角地区数字文化产业的发展经验无疑对本课题研究有重要借鉴意义，如花建的《长三角数字文化产业：一体化与新动能》（2021）认为长三角发展数字文化产业的独特优势在于：迈向一个跨越工业化和信息化时代的"跨时代世界级大城市群"，主要特色在于"一生态两引擎"，即建设有利于创新和创业的一体化发展生态，塑造"点、线、带、廊"结合的空间布局。长三角地区之外，有如张慧、王莉莉的《数字经济视域下甘肃文化产业创新发展研究》（2021），安永景、张丽娟的《数字经济视域下广东数字文化产业发展分析》（2020）等。不同区域数字文化产业发展对比研究，也可以帮助我们了解安徽省数字文化产业与其他省份的发展差异，如韩东林、钱琪妍的《我国数字文化产业竞争力省际差异及对策研究》（2021）则以钻石模型为基本框架，结合数字文化产业发展特点，综合评价了全国29个省市的数字文化产业竞争力水平，并以综合得分排序为依据，将各省市归类为由强到弱四个层级的地区，据此提出提升各省市数字文化产业竞争力的对策。综上所述，无论是中西部还是东南沿海各省，近些年都结合本地区特色加强了对数字文化产业的关注和研究，而安徽省的相关研究则比较少，也比较滞后，本书针对安徽省的实际情况展开数字文化产业的理论研究和实践规划尤为及时。

二、存在的问题

（一）安徽省数字文化产业整体发展情况的调研尚未进行

近年来安徽省数字文化产业发展十分迅速，元宇宙、网络直播、数字游戏、虚拟现实等新型衍生形态层出不穷，原有的文化产业调研数据已难以覆盖产业现状，传统的文化产业调研方法也已不能适应新形势下文化产业数字化的巨大变革。对安徽省数字文化产业的整体发展状况进行重新审视并全面调研、掌握第一手的资料，既有助于正确认识安徽省数字文化产业的长处和短板，也是制定数字文化产业发展策略的基础，迫在眉睫。

（二）安徽省数字文化产业高质量发展指标体系尚未构建

高质量发展是速度与质量的协调，是短期利益与长期利益的平衡，包括六个核心指标：供给、需求、配置、投入产出、收入分配、经济循环。但这六个指标是较为宏观的指导方针，要具体落实到安徽省数字文化产业，既需要对高质量发展本身的内涵和外延有更深入的理解，也需要对安徽省数字文化产业现状有全面的把握。而目前安徽省的数字文化产业研究还没有涉及高质量发展指标体系的构建，缺乏明确的方向和具体的目标，这势必影响安徽省文化产业政策的制定。

（三）安徽省数字文化产业高质量发展策略研究尚不深入

当下，全国各地尤其是长三角地区都结合本地区特色加强了对数字文化产业高质量发展的研究，而安徽省的相关研究则比较少，也比较滞后。现有的研究领域较宽泛，没有将重点聚焦于弥补当下安徽省数字文化产业的发展短板，缺少从优化生产要素的资源配置、加强产业链上下游间合作、扩大文化产品的有效供给、促进公共文化服务的完善、推进文化生产消费大众化、推动文化资源创造性转化、提升文化产品的供给质量和满足个性化文化消费需求等方面制定的全方位的产业发展策略。

三、本书拟解决的问题及意义

（一）拟解决的问题

1. 使用文献分析、数据收集以及实地调研等方法对安徽省数字文化产业的发展现状进行全方位调查摸底，从而掌握安徽省数字文化产业的基本情况以及面临的紧迫问题。

2. 结合党的二十大报告对高质量发展的内涵和外延进行解读。根据数字文化产业本身的产业特性，选取合适的指标因子，建立合理的评价体系，确定高质量发展的方向和目标。

3. 对当下安徽省数字文化产业发展中存在的问题进行全方位探究，针对性地在全产业链上制定高质量发展策略，为相关决策提供切实可行的理论支持与实践指导。

（二）研究意义

当下，数字技术不断取得突破性进展，文化作为一种渗透性要素和成长性因子，实现了与数字化方式相融合的新质态，文化产业的数字生态已逐步构建。本书将以安徽省的数字文化产业生态为模型，深入分析数字技术在全产业链上对文化产业发展的重大影响，有助于从本质上理解数字技术与文化产业的关系。同时以党的二十大报告为指针，并进一步明确高质量发展在数字文化产业中的内涵和外延，从而推动对数字文化产业发展策略的深入研究。

四、本书研究的思路和方法

（一）研究思路

本书研究是在对安徽省数字文化产业现状进行全面调研的基础上，分析"东数西算"工程对安徽省数字文化产业产生的影响，并借助这种有利影响，结合安徽省的区域特色，制定实现安徽省数字文化产业高质量发展的策略。

第一部分，安徽省数字文化产业现状调查。利用最新的文献和数据分析，加上实地调研走访，对安徽省数字文化产业的发展现状进行全方位摸底，从而掌握安徽省数字文化产业的基本情况以及面临的紧迫问题。

第二部分，"东数西算"工程对安徽省数字文化产业的影响。分析"东数西算"工程带来的数据流、资金流、人才流、技术流等对安徽省数字文化产业的影响，并研究如何利用这种影响促进安徽省数字文化产业的高质量发展。

第三部分，安徽省数字文化产业高质量发展指标体系的构建。通过对高质量发展内涵的解读，结合数字文化产业本身的产业特性，选取合适的指标因子，建立合理的评价体系，确定高质量发展的方向和目标。

第四部分，安徽省数字文化产业高质量发展策略研究。通过数字技术运用、新媒体传播、产业集群构建等多视角对安徽省数字文化产业进行深入剖析，在高质量发展指标体系的指引下，针对安徽省数字文化产业面临的问题，在全产业链上提出高质量发展策略。

第五部分，安徽省数字文化产业的未来前景展望。结合中国乃至世界数字文化产业的未来发展趋势，对安徽省数字文化产业发展的远期前景提出预见性意见和建议。

以上五个部分形成前后衔接、互为补充的完整研究架构，并最终指向"安徽省数字文化产业的高质量发展"这一研究核心。

（二）研究方法

1. 文献分析法：搜集安徽省数字文化产业相关的最新研究成果和产业发展统计数据，并对这些文献资料认真研读分析，明确安徽省数字文化产业的发展现状，找到研究的最佳切入点。

2. 实地调研法：走访安徽省各地数字文化产业相关单位，了解企业的经营现状，倾听产业链不同环节从业人员的意见和需求，掌握第一手资料，有针对性地制定产业发展策略。

3. 学科综合法：从数字技术、新媒体传播、区域发展管理等多学科角度对安徽省数字文化产业进行全方位透视和剖析，精准定位制约安徽省数字文化产业转型升级的症结所在，从而更好更快地探寻高质量发展策略。

五、本书的成书过程

（一）2023年8月—2023年12月：依据课题研究的需要，收集整理最新的研究成果，并对研究资料进行深化和扩展。课题组通过研究讨论初步确定本书的基本框架和内容。

（二）2024年1月－2024年8月：到各地方单位实地调研走访，了解安徽省数字文化产业发展现状和面临的问题，听取相关部门意见和建议，结合前期研究，完成本书的初稿写作。

（三）2024年9月－2025年2月：讨论初稿，听取专家咨询意见，搜集相关单位反馈，进一步检查、修改、补遗，定稿后完成出版。

六、本书的创新之处

（一）及时性：本书敏锐地捕捉到当下国家实施"东数西算"工程的战略机遇，力求第一时间开拓安徽省数字文化产业的未来发展视野。

（二）针对性：本书将针对安徽省数字文化产业面临的紧迫问题，结合安徽省的区域特色和优势，对症下药，提高安徽省数字文化产业竞争力。

（三）多视角：本书通过数字技术、新媒体传播、产业集群等跨学科的多视角研究方法，全面探讨安徽省数字文化产业的发展策略和建设路径。

七、本书的使用范围

本书主要服务于安徽省文化产业发展的总体战略，为安徽省数字文化产业的高质量发展提供决策思路和依据；也可用于数字文化产业相关学术研究，供学者研究参考；还可用于高校文化产业管理专业开设的相关课程，加深学生对安徽省数字文化产业的认识和了解。

本人从事文化产业管理专业的教学和研究多年，积累了比较深厚的专业知识。研究的视野从对安徽地方优秀文化的关注延伸到新媒体和数字技术对文化产业发展的影响，将数字文化产业作为自己的研究主攻方向，主持和参与了多项省厅级以上科研项目，积累了较为丰富的科研经验，在各类学术期刊上先后发表论文二十余篇，出版的专著《虞姬文化及其产业资源开发研究》获2019—2020年度安徽省社会科学奖三等奖，并参与了地方文化产业资源的调研以及开发策略制定工作。《虞姬相关文化资源调查与开发策略研究报告》

得到宿州市文化和旅游局采纳，获得2016年度安徽省社科联"三项课题"研究成果优秀奖。

在本书的写作过程中，本人广泛听取了相关专家和同事的意见和建议，特别值得一提的是，他们大都来自安徽各地，熟悉本省的实际情况，关注家乡建设，同时都具有扎实的理论功底和一定的学术能力。宿州学院设有"地方经济文化研究中心"，其目的就是要搭建交流平台，与地方政府深度融合，共谋文化发展。此外，宿州市还成立了文化产业研究协会，制定了本地文化产业发展研究选题参考，数字文化产业的相关研究就是其重要内容。这些都为本书的研究提供了丰富的资料基础、研究经验和强大的政策支持。书中也参考和借鉴了一些专家学者的观点，在此一并表示衷心的感谢。

本书为安徽省高校哲学社会科学研究重大项目"东数西算机遇下安徽省数字文化产业高质量发展策略研究"（项目号：2023AH040312）的最终成果，同时为教育部人文社会科学基金项目"基于乡村振兴战略的我国乡村发展转型与空间重构研究"（项目号：19YJA840008）、安徽省质量工程项目"宿州学院数字媒体产业学院"（项目号：2022cyts040）、宿州学院质量工程项目"乡村振兴文化赋能产业学院"（项目号：szxy2023cyxy02）、宿州学院人文社会学科研究重点项目"皖北地区地方应用型大学文化建设与区域文化互动发展研究"（项目号：2023yzd19）的阶段性成果。

由于本人水平所限，加之时间仓促，难免有错漏及不足之处，敬请广大专家学者批评指正，以便及时修订与改进。

陈少锋
2025年5月于宿州学院

目　录

第一章　"东数西算"背景下安徽省数字文化产业的机遇与挑战 /001

一、安徽省数字文化产业发展现状 /002

二、"东数西算"工程对安徽省数字文化产业发展的影响 /004

三、安徽省数字文化产业总体发展策略 /009

第二章　文化产业数字化与安徽省社会经济的关系 /013

一、文化产业数字化概述 /013

二、安徽省文化产业数字化现状分析 /015

三、文化产业数字化对安徽省社会经济发展的影响 /019

四、安徽省文化产业数字化发展策略 /022

第三章　安徽省数字文化产业竞争力与他省之比较分析 /025

一、安徽省数字文化产业竞争力分析 /025

二、其他省份数字文化产业竞争力比较研究 /030

三、安徽省数字文化产业竞争力提升对策 /034

第四章　安徽省数字文化产业高质量发展指标体系的构建 /037

一、安徽省数字文化产业高质量发展的内涵和路径 /037

二、安徽省数字文化产业高质量发展的指标体系 /040

三、安徽省数字文化产业高质量发展指标体系的创新点 /047

四、安徽省数字文化产业高质量发展指标体系构建的意义 /048

第五章 安徽省文化品牌数字化构建策略 /050

一、安徽省文化品牌构建现状 /050

二、数字化对文化品牌构建的作用 /052

三、安徽省文化品牌数字化存在的问题 /055

四、安徽省文化品牌数字化构建策略 /057

第六章 安徽省非遗数字化保护与传承策略 /061

一、安徽省非物质文化遗产的现状 /061

二、数字技术对安徽省非物质文化遗产的影响 /065

三、安徽省非物质文化遗产的数字化保护与传承 /070

第七章 安徽省演艺产业数字化高质量发展策略 /074

一、安徽省演艺产业发展的基本情况 /074

二、安徽省演艺产业存在的主要问题 /078

三、安徽省演艺产业数字化转型发展策略 /081

第八章 安徽省文旅产业数字化高质量发展策略 /086

一、文旅产业数字化的发展契机 /086

二、数字技术背景下的安徽文旅产业 /088

三、安徽省文旅产业数字化转型存在的问题 /090

四、安徽省文旅产业数字化转型发展策略 /093

第九章 安徽省影视产业数字化高质量发展策略 /097

一、安徽省影视产业发展现状及存在问题 /097

二、数字化对安徽省影视产业的影响 /100

三、安徽省影视产业数字化转型发展策略 /103

第十章 安徽省在线教育产业高质量发展策略 /109

一、安徽省在线教育产业现状 /109

二、安徽省在线教育产业存在的问题 /113

三、安徽省在线教育产业发展前景与策略 /117

第十一章 安徽省电商直播产业高质量发展策略 /122

一、安徽省电商直播产业概述 /122

二、安徽省电商直播产业的影响因素分析 /127

三、安徽省电商直播产业发展存在的问题 /129

四、安徽省电商直播产业的发展策略 /131

第十二章 安徽省动漫产业高质量发展策略 /134

一、安徽省动漫产业发展现状 /134

二、安徽省动漫产业存在的问题 /136

三、安徽省动漫产业的发展策略 /139

第十三章 安徽省数字游戏产业高质量发展策略 /145

一、安徽省数字游戏产业的发展现状 /145

二、安徽省数字游戏产业的特点和存在的问题 /149

三、安徽省数字游戏产业的发展策略及未来趋势 /152

第十四章　虚拟现实技术融合下安徽省数字文化产业高质量发展策略 /157

一、虚拟现实技术概述 /157

二、安徽省文化产业融合虚拟现实技术的优势和问题 /159

三、虚拟现实技术与安徽省文化产业融合的可行性分析 /161

第十五章　人工智能推动下安徽省数字文化产业高质量发展策略 /172

一、人工智能技术的发展现状 /172

二、安徽省文化产业的发展基础 /175

三、人工智能推动安徽省文化产业的发展策略 /178

第十六章　元宇宙视域下安徽省数字文化产业高质量发展策略 /183

一、元宇宙视域下安徽省文化产业发展现状 /183

二、元宇宙与安徽省文化产业结合发展分析 /185

三、元宇宙在安徽省文化产业发展中的风险 /190

四、元宇宙与安徽省文化产业结合发展的对策 /193

参考文献 /197

第一章 "东数西算"背景下安徽省数字文化产业的机遇与挑战

2022年2月,京津冀、长三角、粤港澳大湾区、成渝、内蒙古、贵州、甘肃、宁夏8地启动建设国家算力枢纽节点,并规划了10个国家数据中心集群。至此,全国一体化大数据中心体系完成总体布局设计,"东数西算"工程正式全面启动。[1]自2月首次提出这一概念起,几大互联网行业龙头企业纷纷表示支持并投入这一工程,腾讯、阿里、快手等表示已经在此工程中布局并资助建设数据中心。此后数月,各地纷纷表示建设算力中心或算力中心已经开始投入建设。

信息技术的飞速发展使整个数字文化产业发生了翻天覆地的变化,引发了文化产业界的革命。我国数字文化产业成为推动传统文化创造性转化、创新性发展的"排头兵"和推动中华文化出海、讲好中国故事的主力军。数字文化产业凭借其自身特点,培养新供给、促进新消费,已成为文化产业发展的重点领域和数字经济的重要组成部分。随着互联网和数字技术的广泛普及以及网民付费习惯的养成,数字文化产品的消费潜力将得到进一步释放。[2]而数字文化产业的发展与数字算力息息相关,通过整合大数据、利用数字技术,数字文化产业的发展能够被注入新的生机与活力,其在内涵与质量上会产生新的突破。

---

[1] 《百年大党面对面:九州激荡四海升腾》,《人民日报》,2022年6月2日。
[2] 文化和旅游部:《文化和旅游部关于推动数字文化产业高质量发展的意见》,2020年11月18日。

一、安徽省数字文化产业发展现状

（一）安徽省各级政府相继出台相关政策

2020年，国家出台了《文化和旅游部关于推动数字文化产业高质量发展的意见》（以下简称《意见》），旨在夯实数字文化产业发展基础，构建数字文化产业新生态。《意见》指出："顺应数字产业化和产业数字化发展趋势，实施文化产业数字化战略，加快发展新型文化企业、文化业态、文化消费模式，改造提升传统文化业态，提高质量效益和核心竞争力。"《中华人民共和国国民经济和社会发展第十四个五年规划和2035年远景目标纲要》中明确提出实施文化产业数字化战略，加快发展新型文化企业、文化业态、文化消费模式。随着信息时代的快速发展，在数字文化产业发展方面，安徽省把握"数字中国"机遇，提出加快数字化发展，建设"数字江淮"，大力发展数字文化产业，顺应时代发展潮流。安徽省文化和旅游厅转发了文化和旅游部发布的《文化和旅游部关于推动数字文化产业高质量发展的意见》，明确安徽省数字文化产业发展的目标、思路和主要任务，为安徽省发展数字文化产业指明了前进方向。此次的《意见》在之前的基础上增加了几点内容，首先是突出方向和内容在数字文化产业发展中的核心地位，要求行业把握数字文化内容属性，坚持内容为王、质量为优。以优秀的数字文化产品弘扬和培养社会主义核心价值观，更好地引领社会风尚。其次，突出用数字化手段促进文化产业发展，搭乘"东数西算"的时代东风，充分利用大数据系统，发挥"东数西算"工程的数据优势和集群优势，承接优秀企业行业，提高本省数字文化产业竞争力。最后是突出对"十四五"时期数字文化产业发展的引导。要顺应时代潮流，充分体现"十四五"时期实施文化产业数字化战略的新要求，并从产业发展质量效益、产业生态、促进消费、企业发展和集群建设等角度，明确到2025年数字文化产业发展的主要目标，体现文化和旅游部对数字文化产业发展的预期管理，调动业界支持数字文化产业发展的积极性和创造力，营造有利于创新创业创造的良好发展环境。

（二）安徽省基础设施建设助力发展

2022年2月17日，备受关注的"东数西算"国家工程正式按下启动键，芜湖作为长三角一体化发展和中部高质量发展这两大国家战略覆盖区域，以及中部六省唯一一个规划一体化算力网络国家枢纽节点的区域，被委以重任，"芜湖集群"位列全国十大数据中心集群之一。以国家数据中心为切入点，结合《关于加快构建全国一体化大数据中心协同创新体系的指导意见》，芜湖依托作为国家级新型数字基础设施建设者和运营者的强大技术优势，致力于把"芜湖集群"打造成为全国十大集群中的先行者和示范区。安徽省为芜湖市的发展提供助力，包括政策倾斜和资金支持，芜湖市基于自己的区位优势、产业基础和营商环境，全面承接国家"东数西算"工程，在新型基础设施建设改造上，以数据中心为切入点，打造政务大系统、大数据融合共享平台，积极配合芜湖市政府做好数据中心布局优化，切实满足"政务上云"及数字化转型需求。

在合肥市区西北角，一座长三角地区在建规模最大的智算中心于2023年年底投产，这就是中国电信（安徽）大数据产业园。作为"十四五"期间落地合肥的"新基建"算力信息基础设施建设项目，中国电信（安徽）大数据产业园是落实国家"网络强国"战略、夯实智能化综合性数字经济底座、加速华东区域产业数字化建设、助力长三角数字经济发展、承接安徽"数字江淮"布局的具体行动表现。这座占地150亩的巨型算力中心已经运转得如火如荼，园区按照"一体两翼"进行整体布局，庞大的数据中心围绕动力中心建设。园区互联网接入业务全面升级，通过3.2T超大带宽（远期规划20T）、四路由直连中国电信骨干网，网络层级实现高度扁平化，在高效疏导业务流量的同时，可实现网间流量高速交换，为客户提供可靠的互联网服务。

安徽各地政府纷纷助力"东数西算"工程，汇集人力、物力和财力，打造一系列算力基础设施，为本省数字文化产业的发展提供强有力的技术支持和基础建设支撑，让本省数字文化产业的发展如有神助，进一步加快数字文化产业的发展速度，提高发展质量。

（三）安徽省数字文化产业发展迅猛

进入新时代以来，在建设文化强省的战略目标指引下，安徽在全国范围内率先完成文化体制改革重点任务，在一些重点领域和关键环节不断跻身全国第一方阵，实现了逆势扩张、弯道超越，创造了非试点省份走在全国前列的"安徽现象"。虽然安徽省数字文化产业发展起步晚，但速度快、发展势头猛。当前，文化产业以创新驱动推进供给侧结构性改革，与数字技术协同推进、融合发展，新型业态蓬勃兴起，为产业高质量发展注入新动能，数字文化产业成为优化供给、满足人民美好生活需要的有效途径和文化产业转型升级的重要引擎。新冠疫情期间，数字文化产业异军突起、逆势上扬，在疫情防控和社会经济发展中发挥了积极作用，在抗击疫情中形成的新业态与新模式展现出强大的成长潜力，成为文化产业高质量发展的新动力。

安徽省数字文化企业主要涉及网络游戏、网络表演、创意设计等相关行业形态。产业形态多元化是安徽省数字文化产业的一大特征，多元化产业能够有效地规避经营风险、扩大企业规模、提升企业乃至行业的整体实力，从而获得竞争优势。数字经济的快速发展带来了新的产业机遇，哪里有数据，哪里就有发展机遇。"东数西算"工程是中国数字经济格局的重组，而"东数西算"的中国布局则蕴含着数字经济产业链中的各个环节、不同企业新的发展契机。随着"东数西算"工程的实施，数字文化产业把握了前沿技术，坚持创新驱动，深化融合发展，开拓了全新的消费领域、文化业态和商业模式。

二、"东数西算"工程对安徽省数字文化产业发展的影响

（一）安徽省数字文化产业发展的机遇

1. 区位机遇，加强产业联动

安徽省地理位置优越，东部与江苏省相连，东南部与浙江省相连，外部承接沿海地区经济辐射，而且安徽省濒临江海，内有长江河道，有八百里的沿江城市群和皖江城市带承接产业转移示范区。"东数西算"工程自东部起，连接西部，安徽省正处于工程线上，有着得天独厚的区位优势，能够承接来自长三角其他地区的产业转移，并且能够借此加强与长三角其他地区数字文化产业的合作，打造独具特色的数字文化产业。近年来，安徽省在基础设施建设上投入了不少人力物力，陆路水路等相继打通完善，沟通交流日益频繁。同时，安徽省支持芜宣建设跨区域产业协同创新中心，运行长三角G60科创走廊科技成果转化基金，健全关键技术联合攻关机制，积极推进科技资源跨区域开发共享。

2023年1月13日,长三角数字创意产业联盟年会在合肥举办,吸引了各地文化企业代表和专家学者参加。此次联盟年会的举办,进一步加强了长三角数字文化产业联盟成员单位之间的交流和跨界合作,为赋能数字文化产业"双招双引"、持续扩大安徽省乃至长三角数字文化产业的影响力提供了机遇。同时,这次联盟年会提高了安徽省数字文化企业与长三角其他数字文化企业的合作可能性,达到了双赢的局面。安徽省具有独特的区位优势,能够承接来自长三角其他地区的优秀数字文化企业,畅通文化企业上下游,延长产业链,增加附加值,为安徽省数字文化产业提供新的发展机遇;还能发挥大企业的模范带动作用,促进安徽省本土数字文化企业发展,引导长三角数字文化龙头企业构建发展平台,加快本省企业转型升级的步伐,同时学习长三角其他地区企业的成功经验,进行本土化转化,成为本省企业发展的动力与资源。

2. 发展机遇,提供政策支持

"东数西算"作为数字化发展的一个重要工程,国家对其注入大量心血,多个省市汇集自身优势与力量助力该工程发展,蕴含着巨大的发展潜力与发展机会。作为"东数西算"沿线的重要城市,安徽省承担着算力枢纽的重要功能,必须紧紧抓住这独特的发展时机,出台相关政策,为本省的数字文化企业发展提供便利。一方面,安徽省要出台以数字文化为重点发展领域的政策,将本省的部分发展重心转移到数字文化上来,还要规范相关市场准入政策,降低数字文化企业进入市场的门槛;另一方面,要出台相关资金支持政策或融资政策,以最大的力量支持各数字文化企业发展,通过便利的融资政策,减轻企业发展负担,同时利用便捷的资金政策,让企业在短时间内无须面对"资金不足"的困扰。

3. 技术机遇,吸引资金投入

"东数西算"工程的实施,将有效带动数字技术升级,推动安徽省数字文化产业发展。作为工程线路的重要枢纽,安徽省占据着重要的发展位置,以安徽省目前的技术显然不足以支持该工程的顺利运营,为了保证线路的安全与稳定,国家必定大力推进安徽省数字技术升级。安徽省一定要抓住机遇,让本省的数字技术突飞猛进，同时依托"东数西算"工程，建设大数据产业园。该园区要围绕大数据、人工智能、物联网等技术领域，整合产业资源，加快构建云计算、人工智能等产业集群。另外，"东数西算"工程将有利于安徽省打造全国一体化算力网络国家枢纽节点，通过国家支持、专家支援，依靠中国科学技术大学、国内知名企业及大数据产业园联手打造数据中心园区，从技术上对安徽省数字文化产业发展提供支持。另外，"东数西算"工程是国家重点扶持项目，国家及各省应为沿线城市的发展提供帮助。安徽省可以设立数字文化产业发展专项基金，鼓励各市投入数字文化产业发展的研究；还可以制定相关税收优惠政策、贷款政策、补贴政策等，减轻新兴数字文化企业的发展负担，为其发展提供助力；还可以吸引国内外优秀数字文化企业投资，利用大量资金投入让企业发展不再受困于资金短缺，减少企业发展的后顾之忧，让企业大胆投身于数字文化产业创新和转型。通过为企业提供资金支持，企业将会有更多的可以投入研发创新之中的资金。这些政策提升了数字文化产业的创新力，为企业发展注入活力，使得企业脱离资金不足的发展困境，尤其为更多的中小企业提供发展源泉，使其能够持续运转和存活下去，还能让更多的社会资本和资源流向数字文化产业，不断夯实产业发展地基，让安徽省的数字文化产业有一个强有力的基础支撑，从而确保行业的健康生长发展。

（二）安徽省数字文化产业发展的挑战

1. 缺乏教育支撑，人才不充足

安徽省数字文化产业发展晚、起步慢，因此在发展过程中存在着人才紧缺的问题，尤其是数字文化企业紧缺全面的复合型人才。从某种程度上来说，一个地区的人才资源水平会直接影响当地的数字文化产业发展水平。在我国，大部分的数字文化产业人才集中在"北上广深"等一线城市，人才分布极不均匀，部分地区十分缺少具有充足专业知识、广阔国际视野、多元化思维的人才。同时，受国内大环境影响，优秀人才流失现象已不容忽视，这对安徽省乃至国家的数字文化产业发展来说都是重要的问题。国家已经注意到这个问题，并着手加以解决，在各地设置专门的培训机构并开设相关的培训课程，但在实际情况中，培训机构培养出来的人才并不符合企业、行业的发展需要，且一定程度上存在着思维僵化、缺乏创新思维等现实问题，难以适应行业发展的现实情况，人才质量得不到保障。

人才是一个行业发展的基础，缺少人才的支持，该行业的发展必定十分艰难。安徽省数字文化产业发展过程中，缺少人才支持是一个十分明显的发展短板，工作进度受阻、已有员工加班率高、企业经营受到影响，从而使整个行业发展受阻。数字文化产业人才的缺乏，一定程度上也是地区间综合发展状况不佳的反映。本土高校培养的人才数量有限，不能匹配大量兴起的数字文化企业的人才需求，供需之间也存在着矛盾。安徽经济发展在全国来说排名不在前列，经济收入和工作条件远不如周边许多经济发展快的省份。在产业集聚效应的影响下，安徽省为数不多的数字文化人才流失，不仅导致该产业缺乏所需的一般人才，更加缺乏具有一定影响力的高端设计人才，极其缺乏具有创新精神的数字文化产业企业家。安徽整个数字文化产业链存在着极其严重的人才匮乏现象，数字文化产业的人才培养速度、质量和数量都远不能满足数字文化产业发展的迫切需求。[1]

2. 创新能力较弱，特色不明显

安徽省的文化资源没有得到充分的挖掘整理和开发利用，缺少能够体现安徽地域特色和风土人情的数字文化产品精品，数字文化产品的开发与周边其他省份没有太大区别；已经开发的文化资源，有些开发力度不够深，有些开发不得当，数字文化产品没有本省特色，同质化问题严重；有些数字文化产品只注重经济效益，忽视了其中的文化内涵，使得产品过于肤浅，缺乏长效机制。另外，数字化产品创新能力弱，企业往往会一直吃某个热销产品的红利。一方面，在得过且过思维的影响下，这样的做法削弱了企业进行创新的积极性；而另一方面，由于缺少具有开阔视野的人才，创新发展的动能不够，又进一步消减了企业进行创新的可能性。在这些因素的影响下，安徽省数字文化产品质量偏低，而随着"东数西算"工程的启动，东部发达地区的数字文化产业汇入安徽市场，在外来优质数字文化产品的影响下，本土的产品竞争力被大大削弱，并不具备与其他同类产品同台竞争的实力，本就不算太大的消费市场被进一步缩小。

---

[1] 吴玉红：《安徽文化创意产业发展问题研究》，《华东经济管理》，2012年第12期。

3. 版权保护缺位，制度不完善

当前的法律法规很大程度上都是针对传统文化产业而制定出来的，新兴文化产业则缺乏相应的保护机制，知识版权保护机制亟须完善。根据安徽省现有法律政策要求，知识产权审批周期过长，而且知识产权侵权成本低，维权难度大。一个数字文化企业往往经过数月的精心研究策划才能产出一个相对成熟的数字文化产品，但只要新产品一上市，就会吸引很多商家争相模仿，产品质量优劣不等，这不仅侵害了消费者的合法权益，还会使原产品的企业口碑下滑、利润减少，同时也会干扰市场正常运行，破坏市场竞争机制。正因为市场上存在大量粗制滥造的仿品，才会使消费者对本省的数字文化产业发展前景感到不安，进而忧心整个数字文化产业的前途与发展空间。而当原创产品企业想要拿起法律武器来维护自身权益时，却发现维权远比开发一个新产品要难得多，因为现有政策并未明确标明违法成本与违法后果，对侵权模仿的界定也比较模糊，这让那些无良商家有了可乘之机，他们以极低的风险换来了丰厚的利润。在利润的驱使下，个别企业开始无视法律准绳，走上侵权违法的道路，这也代表着有部分商家法律知识淡薄，使得安徽省数字文化产业发展环境日益复杂，影响了安徽省数字文化产业的长远发展。

4. 市场监管不力，体系不健全

大数据时代，人们获取信息的途径变得多样，获得的信息也变得多元化，丰富的数据不仅使得人们眼花缭乱，也增加了市场监管的负担与难度。随着"东数西算"工程的启动，安徽省作为算力网上的一个重要枢纽节点，所面临的数据信息是以往的几千几万倍。对于市场监管人员来说，他们的工作就是从这些纷杂繁多的数据信息中提取积极、有效、健康的数据信息，来为本省的数字文化产业发展夯实数据基础。但在大数据时代，数据无孔不入，大量网络信息使用价值低。同时，由于安徽省数字文化产业发展势头猛，当前很多网络游戏、网络文学、短视频、直播等通过低俗、暴力等内容刺激消费者，吸引公众流量。互联网文化娱乐产品以网络经济、注意力经济为基本特征，传播速度快，覆盖范围广，极易形成舆论旋涡，让用户消费成瘾。就安徽省目前监管政策而言，亟须与时俱进，出台更加符合时代发展和现实需要的监管政策，来适应日新月异的数字文化市场。

此外，安徽省数字文化市场监管手段需要创新，不能仅仅依赖于常规手段。以往的监管手段已不能适应大数据时代的要求，既费时费力，又浪费有限资源，监管程序冗长，监管效率低，监管力度弱。就以短视频为例，宿州某一短视频创作者以夸张的造型、特立独行的言行走红于网络，但在短暂吸引关注之后，取而代之的都是反感与吐槽，这就是市场监管不到位的体现。如果安徽省有强有力的监管系统，那么在其刚出现在网络平台的时候，就会遭到封杀抵制；但监管体系并未对其作出任何处罚或抵制，任由其在网络平台发展壮大，逐渐成为影响城市声誉和形象的反面例子。类似的事例还有很多，它们都反映了安徽省数字文化产业监管的缺失，这种"缺失"让低俗的数字文化产品影响着青少年的成长，危害着本省的数字文化产业发展环境，不利于本省数字文化产业的可持续发展。

三、安徽省数字文化产业总体发展策略

（一）强化重点行业发展，提供发展平台

一方面，抓住"东数西算"发展时机，鼓励安徽出版集团、安徽新华发行集团、安徽广电传媒产业集团、芜湖方特等龙头企业跨地区、跨领域、跨所有制兼并重组，加快做大规模、做强品牌。发挥"雪球效应"，增强龙头企业对相关配套产业的吸收和集聚能力，实现一大批中小企业围绕几大龙头企业协作配套分工有序的良好局面。[1] 发挥龙头企业的带动作用，为中小企业提供发展经验和发展机会，鼓励龙头企业成立安徽省数字文化产业协会，进一步规范安徽省数字文化企业，并为其发展提供发展平台。同时，加强安徽省数字文化产业与长三角其他地区的产业联动，加大产业内和产业间的配套协作力度，积极拓展产业链，从而形成关系紧密、相互带动发展的产业集群体系。还要发挥行业协会的领头作用，积极指导中小企业的发展。协会要积极与政府沟通，作为政府和企业之间的"传声筒"，积极参与政府发展决策，并将政策准确传递给各企业；另外，协会要制定相关行业准则，规范企业运营，引导企业有序发展，且协会对加入的各类企业有提供帮助和援助的义务。

---

[1] 田蕾：《我国数字文化产业发展的痛点与趋势》，《时代经贸》，2020年第17期。

另一方面，发挥好合肥、芜湖两个中心的辐射带动作用，加快建设数字内容产业专业园区，逐步形成以点带片发展的格局。依托合肥在数字出版、音频视频服务领域的优势，充分挖掘沿淮地区丰富的历史题材和文化底蕴，打造沿淮数字音像制品产业基地。依托芜湖在动漫游戏领域的优势，发挥沿江地区优异的区位条件和生态资源，大力承接长三角动漫设计与网游创作，打造沿江动漫网游产业基地。充分发挥合肥和芜湖的区位优势以及自身资源优势，优先突出重点行业发展，利用其带动能力和影响力，承接来自长三角其他地区的优质企业，从而提升本省数字文化产业的竞争力，抢占发展市场，获得成长空间。利用区域带动作用，优先发展合肥、芜湖，在其取得一定成果时，向周边城市辐射，以点带线、以线带面，最终实现全省的产业升级、突破发展。全省范围内资源共用、经验同享，在重点行业发展的基础上，延长产业链，联动产业上中下游，加强各方沟通交流，打破壁垒畅通发展，从而产生独属于安徽的数字文化产业品牌，提高其代表性与区分度，让安徽品牌在全国范围内产生影响。

（二）健全相关法律法规，规范行业行为

要健全知识产权保护机制。知识产权保护是数字文化产业一个重要的保护内容，数字文化产业要想发展长久，必须有完善的配套知识产权保护法规，为数字文化产业在一个健康的环境发展保驾护航。安徽省必须重视建立与健全该法规，以明确的法律规定侵权和模仿的界线，明确犯罪成本，加大犯罪惩处力度，让某些商家不敢犯、不能犯。要建立知识产权行政调解协议司法确认制度，促进行政保护和司法保护之间的有机衔接，提升知识产权保护效能，营造良好营商环境。要强化协同保护工作机制，联合开展知识产权保护专项行动，加大对关键核心技术、新型产业、重点领域的知识产权保护力度，实现对知识产权侵权违法犯罪行为的精准打击和高效处理。要打造信息资源共享机制，建立行政执法与司法审判数据交换机制，利用知识产权大数据分析工具提高综合研判和决策水平。在健全法规的同时，要简化维权程序，精准办案，还要缩短审批程序，让安徽省文化企业大胆进行产品开发，减少它们的后顾之忧，从而净化数字文化产业市场环境，让其绿色、健康地发展壮大。

要健全市场监管制度。只有清洁干净的市场环境，才有利于产业、行业

的运营发展。要完善规范管理，确保数字文化产业发展有序。由省政府牵头、相关部门工作人员为主力军，负责安徽省数字文化产业产品的监督管理，坚决剔除劣质产品，提高本省产品质量，从而提高其附加值和核心竞争力；还要健全市场准入机制，严格分辨各企业，以防不良企业"改头换面"重新进入市场，破坏市场规则，扰乱市场运营秩序；对各企业要不定期进行实地考察，确保各企业按照社会主义核心价值观规范运营，以防资源浪费。制定完善的市场监管制度，创新监管手段，发挥大数据时代的独特优势，充分利用互联网进行监督，发挥线上线下两个平台的作用，完善监督体系，加大监管力度，对不合格的产品直接予以销毁，对生产不合格产品的企业进行严格处罚，以此让安徽省所有数字文化企业时刻保持警醒，并生产健康文明的数字文化产品，从而引导青少年的健康成长；还要定期对企业进行跟踪研究，对于企业的不正当竞争行为给予严厉打击，规范市场秩序；还要加强宣传教育，引导正当的消费行为，使消费者自发支持数字文化产业发展。

（三）建立教育培训机制，优化人才环境

人才短缺是安徽省数字文化产业发展急需解决的一个问题。要加大人才投入力度，增强本土人才储备，大力扶持本省数字文化产业专业培训，鼓励省内重点学校和科研单位与数字文化产业企业之间建立长期的人才培养运输机制，一步到位直接解决就业难题。要重点抓人才培养、教育，发挥中国科学技术大学的引领作用和师资力量，进行人才分散输送。一方面，要培养优秀的教师人才，输送到各大高校，储备属于本省的数字文化人才。另一方面，要专业对口。可以安排学生进入数字文化企业实习，这样，他们既积累了工作经验，也能将所学的知识运用到实际中，还能了解各企业的实际情况，在实习中有针对性地为企业寻找解决方法，制定发展策略，规划前进方向。相关部门要积极对接高校开通相关课程，培养对口人才。政校合作，政府提供优惠政策，学校提供青年力量。政府既要在培养人才方面多下功夫，也要多思考如何留住人才。要推行更加优惠的租房、购房政策，营造良好的居住环境，从而让更多的人愿意留在安徽工作，从而留住人才；还要打造优越的就业环境，减少就业压力；还要提高就业待遇，增加从业人员的经济收入，吸引更多的人投身数字文化产业的建设中，从而缓解安徽省文化产业人才短缺的情况。

安徽省数字文化产业发展急需突破，单靠人才培养是不够的。人才培养是一个长期的、潜在的过程，要想抓住"东数西算"的有利时机，吸引人才投身数字文化产业建设，最快速有效的办法就是抓紧引进人才。安徽省要因地制宜，优化人才引进政策，增强人才现实保障，研究制定安徽省数字文化产业高端人才引进方案，积极引进处于产业链关键环节的优秀人才，为其提供更丰厚的工资待遇，创造更加宽松的工作环境。从医疗、住房、子女教育等方面提供优待，增加对人才的吸引力。发挥区位优势，吸引来自长三角其他地区高校的人才，同时可进行高校间合作，让长三角其他地区的优质师资力量向西倾斜，既引进优秀教师，也可以聘请长三角其他地区的优秀企业家为客座教授，在安徽省高校分享自己的经验，建立长期联系和合作，进一步加强与长三角其他地区的沟通交流，为合作培养人才奠定基础。

在人才培养和人才引进工作进行到一定程度时，政府要积极完善人才管理，建立安徽省数字文化产业人才资源数据库，加强对重点人才的跟踪培养和管理。对于重点引进的人才要定期考核，防止其因舒适的环境而减少对职业的敬畏感。对于培养的人才也要设置考核机制，优中选优，为安徽省数字文化产业发展提供源源不断的新生力量。

综上，"东数西算"工程对安徽省的经济和数字文化产业发展有着重要的促进作用。安徽省数字文化产业有着巨大的发展空间，但也会遇到诸多问题，还有很长的路要走，对于安徽省来说，当下是一个机遇与挑战并存的时期。在大数据时代，发展数字文化产业是大势所趋，安徽省有着独特的文化资源，在政府的支持下，安徽要结合自身条件，发挥优势，把握机遇，克服挑战，从而促进本省数字文化产业的高质量发展。

第二章　文化产业数字化与安徽省社会经济的关系

信息技术的发展推动了文化产业数字化，也成为推动地区社会经济进步的关键因素。安徽省文化资源丰富，历史底蕴深厚，但与经济发达地区相比，文化产业的发展尚显不足。本章节的研究可为相关部门制定政策提供有效参考，推动安徽省文化产业数字化的全面进步，为其他地区和行业提供文化产业数字化发展的有益借鉴。对安徽省文化产业数字化的剖析及影响研究，总结出成功经验和可借鉴措施，有助于更好地利用数字技术，提升文化产业竞争力和影响力，并为学界开辟新的研究方向。

一、文化产业数字化概述

（一）文化产业数字化的概念

"文化产业"这一概念最早出现于《启蒙辩证法》。当时法兰克福学派强调对"文化产业"和大众文化进行严格区分。1983 年，Nicholas Garnham 在区域经济政策规划中引入了"文化产业"这一概念，并指出文化产业类似于工业企业的生产经营模式，即生产并推广文化产品及服务。[1] 随着英国传统工业的停滞，文化产业作为新型产业诞生，被定义为源自个人创意、技能及才华，通过知识产权的开发和运用，具有创造财富和就业潜力的行业。这一时期，中国类似的产业也在相继兴起，但对其概念的界定仍沿用国际上的

---

[1] 朱丽娇：《我国文化产业数字化赋能效应及其区域异质性研究》，硕士学位论文，长春理工大学，2022 年。

普遍定位。2012年，国家统计局更新文化产业的定义，将产出文化产品（货物与服务）的相关活动、协助文化产品产出的相关活动、产出作为文化产品实体载体及制作工具的文化用品的相关活动、推进文化产品产出的专用设备制作的相关活动纳入定义范围。2018年，国家统计局将借助数字技术涌现的文化新业态整合到文化及相关产业概念中，新增了互联网文化娱乐平台、其他智能文化消费设备制造等项目，凸显当前文化产业生产的信息化特色。

文化产业数字化是指通过信息技术手段将传统文化产业的生产、传播、传承、管理等环节进行数字化处理，实现数字化作品的创作、存储、传递和交易。它是传统文化与现代技术的结合，将生产与消费主体由传统方式转向数字化方式，使文化产品的供给更加精准和个性化。它体现了数字技术在文化产业中的广泛运用和不断推动文化产业发展的重要性。随着信息技术的飞速发展和互联网的普及，文化产业数字化已经成为文化产业转型升级的必经之路。数字化的手段，使文化产品的生产、传播和消费方式得以转变，为文化产业的发展注入了新的活力。

（二）文化产业数字化的特点

文化产业数字化是指将传统的文化产业通过信息技术手段进行数字化转型与升级的过程。在文化产业数字化的发展过程中，存在着一些独特的特点。

首先，文化产业数字化具有高度信息化的特点。随着信息技术的快速发展，文化产业数字化将传统的文化资源和文化产品通过数字化手段进行数字化处理，使其能够以更加便捷和高效的方式进行存储、传播和交流，例如在线音乐和视频平台、网络直播、在线教育等，通过摆脱空间上的束缚，进行跨地域、跨时空的信息传递，扩大文化内容的传播范围。

其次，文化产业数字化具有多元化的特点。传统的文化产业主要由少数知名文化创作团队制作文化产品，文化产品的种类较为有限。而文化产业数字化使得创作更加多元化，更多的数字文化产品被创造出来，从传统的文学、音乐、影视等领域，扩展到了网络文学、电子竞技、虚拟现实等新兴领域。创作者获取了更多的机会来展示自己的才华和创意，能够更好地满足不同群体的需求和兴趣，提供更丰富多样的文化体验。

最后，文化产业数字化具有创新和融合的特点。数字化技术的应用使得文化产业能够与其他领域进行深度融合,创造出更具创新性的文化产品。例如,通过数字技术和虚拟现实技术的结合,可以打造出沉浸式的文化体验,推动文化产业的创新发展。在促进文化传播和多样化发展的同时,也使科技在文化领域得到了更有意义的应用,让科技更有"温度"。

总之,文化产业数字化以其高度信息化、多元化以及创新和融合的特点,对经济增长、文化传播、文化产业发展等方面产生着积极的影响。

二、安徽省文化产业数字化现状分析

(一)安徽省文化产业基本状况

安徽省位于中国东部,属于华东地区,拥有丰富的文化资源和悠久的历史传统,文化产业在这个地区具有重要的地位和巨大的潜力。

近年来,安徽省文化产业增长迅速,文化产业增加值占 GDP 的比重逐年提升,文化产业在全省经济中的地位日益重要。目前安徽省文化产业主要包括文化旅游产业、文化创意产业、文化科技产业、传统文化产业等。其中文化旅游产业作为支柱产业吸引了国内外大量游客,为安徽省徽文化、非物质文化遗产的传承发挥了模范作用;在文化创意产业中,合肥市包河区创意文化产业园成功上榜国家级文化产业示范园区,让承载历史记忆的工业遗址成为如今城市文化活动的举办场所,为安徽省文化创意产业注入了活力。

随着全国范围内数字化转型步伐的加快,安徽省的文化产业也在逐步融入数字技术来提升服务质量和运营效率。多数旅游景区通过在线预订系统、虚拟现实体验等方式来吸引游客,为不同消费人群提升消费体验。

总之,安徽省历史文化底蕴深厚,在文化产业各领域都具备较大的发展潜力。其文化产业不仅对经济增长发挥了重要作用,对提升人们生活质量和消费体验也有重要影响。随着数字技术的进一步发展,数字化在安徽省文化产业中的应用将会更加广泛和深入。

(二)安徽省文化产业数字化现状

安徽省的文化产业数字化发展在近些年取得了一定的成就。安徽省统计局公布的数据显示:2023 年,全省文化新业态特征较为明显的 16 个行业实现营业收入 689.9 亿元，比上年同期增长 14.8%，增幅比全省平均水平高 12.4 个百分点，对全部规模以上文化企业营业收入增长的贡献率为 157.5%。其中，互联网广告服务、应用软件开发、互联网其他信息服务、互联网游戏服务 4 个行业小类营收增速较快，分别达到 103.7%、33.6%、23.3%、21.2%。[1] 下面本书将从文化产业数字化相关政策、重点行业、重点企业等方面分析安徽省文化产业数字化发展现状。

1. 政策分析

安徽省政府重视将数字技术与产业融合作为全省经济发展的动能，颁布了促进文化产业数字化发展的相关政策。《安徽省"十四五"文化和旅游发展规划》提出要实施公共服务数字化建设工程，目标是到 2025 年，基本建成全省图书馆网站集群和文化馆网站集群。[2] 在《加快发展数字经济行动方案（2022—2024 年）》中提出大力发展数字创意产业，推进安徽国家数字出版基地（合肥园区、芜湖园区）建设，支持数字产业集群发展，推动多业态融合发展。[3] 此外，安徽省政府还高度重视数字创意产业的发展，为其编制了全国首个省级数字创意产业发展规划，明确了发展目标和实施路径。同时，设立了总规模达 50 亿元的文化和数字创意产业投资基金，为产业发展提供资金支持。一系列政策为安徽省文化产业数字化发展指明了方向，同时促进了文化产业数字化的发展。

2. 重点行业分析

文化产业数字化主要体现在传统文化产业的数字化转型和以数字技术为依托生成的文化产业新形态两个方面。近年来，数字文化产业产生了多种新形态，包括数字影视、数字直播、数字电竞、虚拟现实体验等行业。[4] 在数字直播领

---

[1] 安徽省统计局：《2023 年我省文化产业发展新动能进一步增强》，2024 年 3 月 18 日。

[2] 安徽省文化和旅游厅：《关于印发安徽省"十四五"文化和旅游发展规划的通知》，2021 年 8 月 18 日。

[3] 安徽省人民政府办公厅：《安徽省人民政府办公厅关于印发加快发展数字经济行动方案（2022—2024 年）的通知》，2022 年 8 月 18 日。

[4] 华小昕：《浙江省数字文化产业发展研究》，《中国工程咨询》，2023 年第 11 期。

域,安徽省起步较早。2020年,安徽短视频直播基地就在合肥市瑶海区揭牌成立,首批9家直播企业入驻,帮助瑶海区33个专业市场的2万多名经营户开展直播带货,助力新经济发展。基地首期占地面积7800平方米,有大小专业直播间16间,还与安徽农业大学经济管理学院达成合作,致力于打造短视频直播的产业生态链。

3. 重点企业分析

安徽省的文化产业数字化发展呈现出积极的态势,并取得了一定的成就。在"十四五"规划的指导下,安徽省重点发展数字文化产业和文化产业新业态。合肥市发挥中国科学技术大学、合肥工业大学等资源优势,吸引众多优秀企业集聚,推动文化产业数字化转型。以安徽皖新传媒为例,皖新传媒自成立后主要从事教材、一般图书和音像制品的批发与零售,以及文化消费全供应链管理等其他相关业务。[1] 2021年,公司重点融入数字技术,推进"数字皖新"建设,推动产业与数字技术深度融合,打造数字教育平台、皖新云书店等。就文化新业态而言,公司将焦点置于"游戏"研发运营,在实现IP价值最大化的同时注重口碑积累,成功发行《仙剑奇侠传系列》《武侠义》《河洛群侠传》等产品。目前公司将步入文化科技融合发展赛道,通过不断加强与优质企业合作,打造高质量游戏产品,提升游戏竞争力。

以主要深耕游戏等数字创意产业的三七互娱为例,三七互娱始终坚持以数字化的表达来传递中华传统文化,其产品包括网络游戏、移动游戏等。近年来,三七互娱坚持"文化+数字+文娱",完成了产品由"网页游戏"到"手游"的蜕变,打造了为研发、发行、运营等多个业务环节进行赋能的创新技术平台,同时为应对元宇宙的冲击,三七互娱通过核心科技创新率先打造了全国首个元宇宙游戏艺术馆、数字虚拟人"葱妹"、"非遗广州红"元宇宙虚拟营地等数字文娱新业态。在2023年中国数字出版博览会上,三七互娱同元宇宙艺术社区Meta彼岸联合打造的安徽省特色非遗元宇宙艺术营地"黄山非遗营地"项目正式亮相,为黄山非遗创造了广泛的传播途径,促进了黄山文化传播。

---

[1] 吕欢欢:《从"出圈"到"出海"——合肥包河区引领新"文""科"》,《中国青年报》,2024年2月6日。

综上所述，安徽省的文化产业数字化正处于积极壮大的阶段。在当前的数字化时代背景下，安徽省应该加大推动文化产业数字化发展的力度，以适应整个社会发展的需要，促进全社会的繁荣。

（三）安徽省文化产业数字化存在的问题

1. 整体技术水平较低且区域发展不平衡

近年来，安徽省虽然加大了对文化产业数字化的支持力度，但与发达地区相比，仍存在一定的差距。在文化产业数字化发展进程加快的同时，受经济发展水平、产业结构等因素的影响，安徽省存在着经济总量不足以及区域分布不平衡等问题。[1] 合肥、芜湖等地数字文化创意产业的发展水平在全省处于领先地位，安徽省北方地区则相对落后。合肥和芜湖在经济和数字技术的助力以及"一核一极"局面下集中了全省57.9%的规模以上数字创意企业，2022年营业收入占全省的71.2%。数据显示，2021年安徽省合肥市文化产业增加值为632.7亿元，位居全省第一。黄山市作为旅游胜地，其2021年文化产业增加值仅有61亿元。尽管黄山市的旅游开发程度相对较高，但在配套设施以及数字技术应用方面严重不足，导致其文化资源难以转化为数字化文化产品。

2. 数字化监管体系不完善

随着互联网技术的不断发展，文化产业领域产生了应用于消费场景的数字化模式。但由于政策引导和支持力度不足、市场运作不规范等，文化产业数字化在发展过程中容易出现如信息数据缺乏有效保护、知识产权纠纷、"信息茧房"、数字贫困等突出问题。[2] 数字文化一方面方便了用户享受和消费，另一方面其版权复杂，造成了侵权行为判定的困难。文化产品、服务被侵权、盗版横行，不仅损害了文化产业的发展，同时还阻碍了文化产业数字化的灵活转化。面对知识产权保护、市场监管等方面的难题，安徽省应该加强对文化产业数字化的监管，建立健全监管体系，加大对违法行为的打击力度。

---

[1] 陈璐、郝挺雷：《我国区域数字文化产业竞争力评价研究》，《中国市场》，2023年第32期。

[2] 郭艳：《数字赋能文化创意产业高质量发展》，《决策咨询》，2024年第1期。

3. 缺乏复合型高水平人才

文化新业态是专业性强、创新性高、差异化大的新型产业结合，需要高质量复合型人才来应对数字技术飞速的更新换代。近年来，安徽省为吸引人才，颁布了《安徽高质量发展人才30条》以及"双招双引"政策，人才集聚呈现良好态势，但安徽省在数字化人才建设方面仍存在人才不足且区域分布不均的双重问题。文化产业数字化人才分布与地区经济形势密切相关，高水平人才多集中在"北上广深"等一线城市。安徽省除合肥市外，其他多为三、四线城市，经济总量较少，人才吸纳及培养能力不足，缺乏相关专业的高水平人才培养机构和培训项目，无法满足增长的人才需求。因此，安徽省应该加大对人才培养的支持力度，建立完善的培养体系。

综上所述，安徽省的文化产业数字化发展面临诸多问题，包括整体技术水平相对较低、监管体制不完善以及人才缺乏等。针对这些问题，安徽省需要制定更加明确的战略规划，落实相关政策，加大人才培养的投入，同时加强对文化产业数字化的监管和保护力度。

三、文化产业数字化对安徽省社会经济发展的影响

（一）促进文化产业发展

随着科技的进步和互联网的普及，数字化技术在文化产业中的广泛运用对文化产业的发展起到了积极的推动作用。文化产业数字化对安徽省社会经济的影响多元且深远，促进了文化产业的发展。

首先，文化产业数字化推动了文化作品的创作、传播和交流方式的变革。通过数字化技术，创作者可以更加便捷地进行作品的制作和后期处理，并且可以通过网络平台将作品传播给更多的受众，打破传统文化产业的时空限制，加速文化内容的传播。以安徽新媒体集团"徽风皖韵"项目为例，该项目主要通过融入数据可视化、虚拟现实、三维动画等新媒体技术制作出"听见·安徽""文博镇馆之宝"等高质量作品，以此来宣传安徽灿烂的历史文化和新时代建设成就。这样一来，文化作品的传播范围大大扩大，传统的空间、时间限制被打破，更多的人可以参与文化产业。

其次，文化产业数字化提升了文化产品的质量和创新能力。数字化技术为文化产业的创新提供了更多的可能性。合肥安达创展通过科学博物馆＋智慧云服务平台，在安徽省科技馆科学征程、科技强国、童趣乐园等展厅和闽菜文化博物馆等项目中将传统的图文通过虚拟现实、增强现实等技术展示，为受众提供更加沉浸式的文化体验。

最后，文化产业数字化还带来了新的商业模式和经济增长点。通过数字化技术，文化产业可以进行线上线下结合的创新运营，例如徽州古城推出新型游览方式，沉浸式实景数字剧本游——《徽州画梦录》采用了增强现实和人工智能数字技术，实现了线上与线下、剧本游与实景的融合，将徽州地区的历史、文化、景色、文创、特产融入剧本，打造沉浸式游览新体验。这种新的商业模式不仅为文化产业带来了更多的商机，也为安徽省的经济增长提供了新的动力。再如，合肥市包河区创意文化产业园通过数字化变革吸引了诸如三七互娱、安达创展、百助网络等细分领域的领军企业。截至2022年，包河区创意文化产业园的文化企业达到6 550家。其中，规模以上企业有177家，省级以上专业孵化器和众创空间共13个。安徽省文创企业主营业务收入从2017年的288亿元上涨至2022年的523亿元。这些企业的兴起和发展，在增加区域内的就业机会的同时，也推动了文化产业成为合肥主导产业，提升了经济总量。

综上所述，文化产业数字化促进文化产业的发展主要体现在数字化技术的广泛运用使得文化作品的创作、传播方式得到了革新，文化产品的质量和创新能力提升，文化产业与其他产业的融合发展带来了新的商业模式和经济增长点。

（二）推动经济增长

文化产业数字化在安徽省的发展中具有重要的影响，尤其是在推动经济增长方面。随着技术的不断发展和数字化的普及，文化产业在经济中的地位逐渐上升，成为经济增长的重要支撑。

首先，文化产业数字化为安徽省经济增长带来了巨大的潜力。数字化技术应用催生的文化新业态，逐渐成了安徽省新的经济增长点。数据显示，2023年，安徽省文化新业态特征较为明显的16个行业小类实现营业收入

689.9 亿元，同比增长 14.8%，占文化产业总收入的 28.27%。这进一步增强了文化产业整体的带动作用。

其次，通过数字化平台的建设和发展，文化产业可以实现更高效地生产、传播和销售。数字化技术的应用使文化产品得以更广泛地接触受众，消除了空间上的限制，扩大了市场规模，提高了经济效益，催生了新的文化产品和服务，促进了经济的多元化发展。

最后，数字化技术的应用不仅提高了文化产业的生产效率和市场竞争力，还提升了文化产业的附加值，为文化产品的创新和升级提供了更多的可能性。同时，数字化技术也促进了文化产业与其他行业的融合与发展，推动了产业的延伸和协同创新，为安徽省的经济发展带来了新的增长点和动力。

综上所述，通过数字化技术的应用，文化产业的经济总量得到显著提升，实现了更高效地生产和传播，产业融合深入发展，为经济的增长提供了新的动力。

（三）增加就业机会

文化产业数字化的发展为安徽省创造了许多新的就业机会，对社会经济产生了积极的影响。

一方面，随着数字化技术的不断进步，人们对文化产品和服务的需求不断增长。通过数字化转型，文化产业能够提供更加多样化的产品和服务，满足人们日益增长的文化消费需求。因此，文化产业数字化的推动带来了更多的就业岗位，包括创意设计师、数字营销师、网络编辑、音视频编辑等职位，其需求也相应增加。例如，包河区创意文化产业园区数字化的推动为文化产业发展带来了更多的需求。2023 年，园区内如安达创展等部分创意文化企业展开线上专场招聘，提供了包括展项设计师、环艺设计师等 100 多个岗位，增加了就业机会。

另一方面，文化产业数字化的发展必然伴随着相关领域就业机会的增加。比如数字媒体技术、数字创意产业、数字文化传媒等新兴产业兴起，这些产业的快速发展为安徽省的经济发展注入了新的动力，同时也创造了更多的就业机会。例如，包河创意文化产业园区内的数字音乐山谷、合柴·梵木艺术中心、九莱福等项目的相继开启为区域经济带来了新的发展机遇。九莱福将潮流、线上全息体验与艺人演出融为一体，为不能到场体验演出的消费者提供线上演出的体验服务。此类项目不仅丰富了当地居民的文化生活，也为创新创业提供了平台和机遇。

然而，文化产业数字化带来就业机会增加的同时也面临着一些问题与挑战。数字化技术的发展可能导致某些传统岗位的消失，人们在这一过程中需要学习新的技能和知识来适应数字化。

综上所述，通过推动文化产业的发展、促进经济增长以及提供创业机会，文化产业数字化为安徽省的社会经济发展增加了动力，提供了更多的就业机会和创业机会。然而，为了更好地发挥文化产业数字化的效用，需要政府加强引导与支持，提升就业人员的数字化能力，以实现文化产业数字化助力安徽省社会经济的可持续发展。

四、安徽省文化产业数字化发展策略

（一）加强政府引导支持

在当前的数字时代，文化产业的数字化转型已经成为社会经济发展的趋势，对于安徽省的社会经济发展而言，政府引导与支持是推动文化产业数字化的重要手段。

一方面，加强政府的引导与支持是解决安徽省文化产业数字化区域发展不平衡这一问题的先决条件。政府作为管理者和推动者，具有制定政策、提供资源、建设平台的职责。在文化产业数字化方面，政府可以通过出台相关政策，提供优惠福利支持，以吸引更多的企业和机构落户，参与数字化转型。同时，政府还可以组织相关培训课程，提高就业人员的数字化能力，推动文化产业数字化水平的整体提升。[1]

另一方面，政府引导与支持对经济增长具有重要影响。文化产业的数字化转型不仅能够提升文化产品的传播效率和市场竞争力，还能够创造更多的就业机会和经济增长点。政府可以通过引导地方和企业加大对文化产业数字化转型的投入，推动文化产业数字化的快速发展，带动相关产业链的发展，

---

[1] 王彤悦：《我国数字文化产业政策梳理与分析》，《产业创新研究》，2023年第21期。

增加就业机会。

综上所述，通过加强政府引导与支持，能够推动文化产业的数字化转型，促进经济增长和就业机会的增加。因此，在落实相关政策时，安徽省政府应加强对文化产业数字化转型的引导与支持力度，制定针对性的措施，为文化产业数字化的发展营造良好的环境。

（二）提升文化产业工作者的数字化能力

当前数字化技术的快速发展，对文化产业工作者提出了更高的要求。文化产业数字化建设需要文化艺术知识与数字技术储备丰富的数字创意人才，即能够结合数字技术和市场需求，打造出别致、独特、高质量的文化内容，丰富传统文化产品的模式和意义，满足消费者多元的文化需求。因此，提升文化产业工作者的数字化能力成为重中之重。

首先，政府部门要为组织艺术院校与数字技术人才的交流联合提供政策支持。推动高校开展文化产业数字化培训课程，包括各类数字化工具的使用技巧、文化素养、文化创作及数字文化创作等，提高数字化技术应用的水平。[1] 整合省内高校如中国科学技术大学、合肥工业大学等数字人才资源，为文化产业从业者提供系统全面的数字化技术培训，促进文化数字技能化和数字技能文化化，为数字化人才培养提供教育支持。

其次，政府部门要推出相关政策和措施，鼓励文化产业工作者参与数字化技术研发和应用，提供财政资金支持、税收减免等方面的优惠政策；建立健全完善的人才引进体制；扩大企业"双招双引"力度，提高人才落户、企业落地福利；加大对文化数字化项目的投资，为文化企业提供创新空间。[2]

最后，文化产业工作者应保持不断学习的良好习惯，掌握最新的数字化技术和工具，善于利用互联网信息资源，学习和借鉴其他地区和行业的成功经验，与时俱进，提升自身的数字化能力。

---

[1] 沈鸿昌：《苏州数字文化产业人才培养的路径与对策》，《文化产业》，2024年第3期。
[2] 邹统钎：《中国文化数字化发展现状、问题与对策》，《人民论坛·学术前沿》，2022年第23期。

（三）加强文化产业数字化监管与保护

数字化文化消费场景的重塑，离不开政策与法律的大力支持，因此必须推动数字化发展的政策与法律体系建设。首先建立健全严格规范的监管体系。政府应充分利用互联网、大数据等数字技术构建新型文化监管机制，建设前、中、后全流程监管体系，明确相关责任人的职责。其次是建立具有时效性的政策法规。文化创意产业数字化发展速度飞快，因此有关技术创新、知识产权、市场秩序等方面的政策法规也应该与时俱进。然后是规范数字技术的使用权限，保护用户自主权利。加强对数据的存储、传输和处理过程中的安全保护，严格遵守相关法律法规，防止数据泄露和滥用。最后是建立完善的数字版权保护系统，加强对数字版权的监管和保护，打击盗版和侵权行为。[1] 只有在健全的监管与保护体系下，文化产业数字化才能更好地发展。因此，政府、行业和社会各界都应共同努力，加强文化产业数字化的监管与保护工作。

综上，通过对文化产业数字化进行概念界定和特点探讨，对安徽省文化产业数字化现状做出分析，可以发现文化产业数字化对于促进文化产业发展、推动经济增长以及增加就业机会等方面产生了重要的积极影响。安徽省文化产业的基本情况较为良好，但在数字化方面仍存在一些问题。例如数字化水平不高、区域发展不平衡、缺乏相关维护市场秩序的法律政策以及复合型人才紧缺等。通过本研究提出的应对策略，希望能够为安徽省的文化产业数字化发展提供参考和借鉴，并为相关政策的制定和实施提供有益的建议。

---

[1] 陈美华、黄轩、陈东有：《我国数字出版产业的困境及对策研究》，《江西社会科学》，2017年第12期。

第三章 安徽省数字文化产业竞争力与他省之比较分析

目前安徽省经济发展已经步入新阶段，数字文化产业为安徽省经济发展注入新活力，推动了安徽省经济结构改革。2016年，习近平总书记视察安徽时强调，要坚持绿色、低碳、可持续发展，以创新、科技为先导，加快产业结构的调整，促进中部地区的崛起。数字文化产业作为以数字技术为依托的生产性服务业，具有低耗能、高创收的优点，将在安徽省经济发展中发挥重要作用。数字文化产业的发展将推动安徽省经济体制改革，有助于地区经济的多元化，减少对传统产业的依赖。此外，通过数字文化产业，安徽省南北融合的多元地方文化将作为文化资源得到更好的保护、传承和开发。推动数字文化产业发展，提升区域竞争力，不仅能够带来经济上的直接收益，还能够在文化、社会、环境等多个层面产生积极影响，为地区的长期发展奠定坚实基础。

一、安徽省数字文化产业竞争力分析

（一）安徽省数字文化产业概况

1. 产业规模

自信息化时代以来，安徽省凭借其丰富的历史文化资源，逐步探索并构建了数字文化产业的独特路径。近年来，安徽省文化产业随着安徽省经济的发展，呈现出良好的发展态势，安徽省文化产业固定资产投资和文化产业增加值自2009年以来快速增长，2014年以来增速进一步提高。

安徽省数字文化产业发展迅速，已被列为着力发展的十大新兴产业之一。根据2023年《安徽统计年鉴》以及安徽省统计局的相关数据可以得知，2021年安徽省文化、体育和娱乐业总产值总计348.56亿元，规模以上文化及相关产业法人单位2 568个。全省规模以上数字创意企业到2022年底已有806家，全年实现经营收入1 096.8亿元，登记投资金额9 115.9亿元。数字创意产业的固定资产投资同比增长22.3%，全省文化艺术行业市场主体增长21.5%，广播、电视、电影和录音制作业市场主体增长27.8%。此外，还构筑了以合肥为核、芜湖为极发展数字创意产业的"一核一极"格局。2022年合肥市规模以上数字创意产业营业收入达到576.2亿元，同比增长了4.0%，芜湖市规模以上数字创意产业营业收入达到204.8亿元，同比增长7.3%。2022年，安徽文化和数字创意产业投资金额总规模达到50亿元。相关数据说明安徽省数字文化产业创新潜力较强，企业发展良好。数字文化产业体现出投资质量高、市场主体增长速度较快的特点，逐渐形成了"一核一极"的格局。

和数字文化产业的产出值以及投资相比，安徽省居民文化消费增长缓慢，消费群体数字文化消费能力一般，相关支持产业能力也需要提升。根据《安徽统计年鉴》的相关数据，安徽省居民文化支出自2005年至2018年增长缓慢，2016年城市居民文化消费支出首次突破2 000元，2017年农村居民文化消费支出首次突破1 000元，随着安徽省经济的增长，居民文化消费能力近年来增长趋势更为明显。[1] 安徽居民的文化消费增速偏低，反映出文化产业还有很大的发展余地，市场化程度不够高，对经济增长的拉动效应尚未完全发挥出来。韩东林对长三角、珠三角和京津冀地区省及直辖市的数字文化产业竞争力进行了对比研究，结果显示安徽省在这八个省市中的潜在竞争力排名第七。安徽省潜在竞争力低的主要原因是市场空间与居民消费购买能力不足，地区经济发展较为落后。

2. 产业结构

目前，安徽省确立了9个数字文化产业主攻方向，分别是：数码消费设备制造、广播影视器材制造、动漫游戏制造、新媒体服务、工业设计、影视演艺、

---

[1] 过劲松：《安徽统计年鉴》，中国统计出版社2023年版，第282页。

创意设计、广告会展、智慧文旅体育。这些方向涵盖了数字文化产业的多个关键领域，体现出产业的多元化和综合性。以下将从数字内容创作、数字技术开发与数字服务提供等多个方面对安徽省数字文化产业结构进行分析。

安徽省的数字文化产业是一个快速发展的领域。当前安徽省数字文化创意产业形成了"一核一极"及"十基地"的发展格局。这些集群和基地集中了大量的数字创意企业，形成了产业链上下游的协同效应，推动了产业的集群化发展。通过政策引导、资金支持和项目推动，安徽省正在形成具有地方特色的数字文化产业生态，这为数字内容的创作提供了前提。目前，安徽省数字创意产业涌现出一批细分领域的领军企业，如三七互娱、安达创展、百助网络等。安徽新华发行集团联合中国科学技术大学打造了"美丽科学"教育数字平台，运用超高清特种科学影像技术，记录微观世界，让科学展现艺术之美。

数字化技术是发展数字文化产业的基础，也是其重要的创新驱动要素。[1]安徽省数字文化产业科技含量不高，利用现代信息技术的能力不强，对高科技的工业设备、新产品的研发能力有待提升。但近年来，安徽省的数字技术也在不断发展，安徽省宿州市在云计算和数字服务方面取得了长足进步。宿州市是华东最大的云计算数据中心以及亚洲电脑图像动画制作基地，为数字文化产业的发展提供了有力的技术支撑。

数字服务提供包括云服务、智慧旅游、线上娱乐等多个方面。云服务包括提供数据存储、服务器空间租赁、在线应用程序等，被誉为"云都"的安徽省宿州市，在数字服务提供方面取得了显著的发展成就。宿州市云计算产业形成了大数据处理、动漫渲染、手机游戏、电子商务等多个特色板块。近年来，安徽省积极推动数字化服务与旅游产业融合发展，"六安文旅"智慧公共服务平台运用大数据、VR、5G等先进技术，为游客提供数字化服务；铜陵市依据市内各产业园区自身条件，引导特色化发展，建立"铜陵市数字创意企业一站式服务中心"，为企业免费提供法律咨询、文创金融、政策解读、高企申报等服务，助力企业发展。安徽省图书馆、安徽博物院的网上服务不断

---

[1] 中华人民共和国国务院：《文化部关于推动数字文化产业创新发展的指导意见》，2017年4月11日。

完善，如安徽省图书馆现已开通网上图书借阅，安徽博物院云看展活动让参展观众看展更便捷，数字文化服务吸引了更多受众参与文化活动。

(二) 安徽省数字文化产业竞争力水平分析

安徽省数字文化产业具有自身的独特竞争优势，但在中国各省竞争力排名中并不突出。周笑晗在对我国省域数字文化产业竞争力的研究中得出各省市数字文化产业竞争力的比较结果，其中安徽省的竞争力处于中游。[1] 在韩东林、巫政章基于长三角、珠三角、京津冀的相关数据比较分析我国数字文化产业区域竞争力的研究中可以得出，上海市在长其他三角地区的数字文化产业综合实力上处于领先地位，苏、浙、皖三个省份的差距不大，其中安徽省的数字文化产业虽落后于苏浙地区，但相较于同级别的天津、河南更有竞争力优势。

1. 竞争力优势

根据以上有关中国各省数字文化产业竞争力的研究可知，目前安徽省数字文化产业竞争力一般，与北上广、江浙地区相比，其竞争力水平较低。但安徽省独特的地理环境、丰富的文化类型、良好的创新能力，都是安徽省数字文化产业竞争力的优势所在。

首先，就地理位置而言，安徽省地处长江三角洲城市群的"黄金段位"，亦处于南北文化融合碰撞的中心位置。安徽省向东发展，融入长三角经济圈，带动本省经济发展，有利于提高省内居民文化娱乐消费能力。同时，长三角地区数字文化产业综合竞争力明显优于珠三角和京津冀，安徽省有充分的"近水楼台"之优势，向东联动，发展数字文化产业，承接江、浙、沪地区溢出的数字文化产品消费需求。除此之外，南北交界的地理位置使得安徽省内文化资源丰富，为发展数字文化产业提供较为丰富的生产要素。

其次，安徽省人文资源丰富，文化包容性强。安徽省因其地理位置的独特，汇集了中原文化、江淮文化、徽文化、吴越文化，多种文化碰撞交融，造就了安徽省文化资源的丰富性和包容性，为全省数字文化产业的发展营造了良

---

[1] 周笑晗：《我国省域数字文化产业竞争力评价及差异研究》，硕士学位论文，河南财经政法大学，2023年。

好的文化氛围，安徽省的文化包容性减小了文化创新和数字化的阻力。

再次，安徽省政府为促进文化产业健康发展，出台了一系列政策和措施，以促进文化产业的发展。《安徽省文化产业发展规划纲要》规定了支持文化产业发展的相关政策，其中包括鼓励文化创意产业发展、扶持文化企业发展、加强文化产业人才培养等内容。这些政策的实施为安徽省数字文化产业的发展营造了良好的政策环境和市场环境。

最后，安徽省科技创新能力的不断提高也是其数字文化产业竞争力的优势之一。安徽省以合肥为中心，打造科技创新之城。自中国科学技术大学在合肥成立以来，已在合肥设立了多个研究所，为当地带来了一批高质量的原创技术，使安徽始终走在科技创新的前沿，为数字文化产业发展注入了动力，是其发展的可靠保障。

2. 竞争力劣势

从我国各省市数字文化产业竞争力比较的相关研究成果来看，安徽省在以下方面仍存在劣势。

首先，政府财政补助不足，文化事业费投入较低，安徽省数字文化产业发展的政策环境有待优化。安徽省在长三角、京津冀、珠三角地区的八省市中，政府扶持力度最小，政府财政支持投入不及其余七省。根据统计数据显示，"十二五"期间安徽省文化事业财政拨款虽有所增长，但年平均增长幅度仍低于同期全省财政收入年均增幅2.1个百分点。政府对文化的投入比例与教育、科技、卫生部门相比相对偏低，在省本级文化专项资金投入方面，"十二五"时期，安徽省省本级各种专项资金为9 649万元，低于江西省、山东省、湖北省以及河南省的省级各种文化专项资金。在省级文化专项资金中，安徽省5年累计用于农村文化建设的专项资金为650万元，不及江西省、山东省、湖北省、河南省各省。从数据上看，安徽省政府在文化事业上还需要更多的资金投入。在2024年，安徽省在文化旅游、体育与传媒的预支出为31 004.5万元，近年来安徽省对文化产业的政府拨款逐渐增加，但与其他省市相比仍不足以成为提高安徽省数字文化产业竞争力的优势因素。

其次，数字文化产业发展状况与当地经济发展水平有着密切的关联，安徽省经济发展水平欠发达，居民消费能力较低，数字文化产业欠发展。从

2012年到2021年，安徽省的经济总量从第13位提升至第11位，2023年全省生产总值完成47 050.6亿元，较上一年增长5.8%。全年全省人均可支配收入同比名义增长6.6%，达到34 893元，人均消费支出同比增长4.7%，达到23 607元，恩格尔系数为33.5%。从相关数据来看，安徽省常年保持着较为稳定的经济增长态势，但与文化产业发达的省市相比，安徽省经济并不发达，与前者相比，居民的文化产品消费较低，消费能力不足，对于高端数字文化产品缺乏购买力，安徽省经济并不能够很好地推动数字文化产业的发展，并构筑较强的竞争力优势。

最后，文化市场存在产品供需不匹配的问题。根据安徽省经济发展水平以及居民消费能力可知，安徽省消费群众在数字文化产品上的支出较低，大多数消费者消费不起高端数字文化产品，而当今的数字文化产品大多面向中等收入及以上人群，大量低收入人群的精神文化需求仍未得到满足。在孙小龙的一项关于安徽省居民观看电影、商业性文化演出和文化展览活动的问卷调查中，我们发现，大学生团体的平均收看时间最多，而平均总花费不及公务员或事业单位人员、资产者或企业高管、小工商业者，这组数据反映出了部分低收入群体的高文化消费需求以及中低价格的文化产品缺少的情况。数字文化产品依托于数字技术，一定程度上降低了获取文化产品的成本，提供了更多类型的文化产品以供选择，但安徽省数字文化产业目前发展并不成熟，依然存在供需不匹配的情况。

二、其他省份数字文化产业竞争力比较研究

（一）其他省份数字文化产业概况

地区经济发展水平对数字文化产业的发展情况具有重要的影响。较高的经济发展水平能够为数字技术的发展提供充足的发展资金，从而为地区数字文化产业的发展提供技术和更为充足的政府财政补贴。此外，根据马斯洛的需求层次理论，人类的需求可分为五个不同层次，从基本的生理需求到更高层次的自我实现需求分别是：生理需求、安全需求、社交需求、尊重需求、自我实现需求。在满足较低层次后，人们才会寻求更高层次的需求。在经济发达的地区，满足基本需求并追求更高层次需求的消费者更多，数字文化市

场需求量充足。综合以上分析,将以经济因素为主导,结合安徽省与其他省份的相对地理位置,选择省份进行研究分析。

1. 周边东部省份

在安徽省周边的东部省份中选取江苏、山东两省进行分析比较。其中江苏省与安徽省同属长三角地区,在明清时期,安徽、江苏、上海三地同属于南直隶和江南省,在现代,安徽省与江苏省同位于南北文化交融的地区,省内南北文化差异较大,两省在文化资源上较为相似。山东省为安徽省的北方邻省,其文化特征、民风民俗与皖北地区更加接近。此外,在周笑晗对全国的30个省、直辖市进行的数字文化产业竞争力对比研究中可以发现,山东省和安徽省一样,都是具有较高竞争能力的Ⅱ类区域,在东部沿海省份中,山东省与安徽省的数字文化产业竞争力差距较小且在地理位置上相邻,对两省数字文化产业发展进行比较具有可行性。

江苏省数字文化产业规模在过去十年中实现了显著增长,成为推动地区经济增长的重要力量。在产业规模方面,根据江苏省互联网信息办公室发布的相关数据,从2009年到2019年的十年中,江苏文化产业增加值增长较快,对经济增长的贡献度也稳中有升,文化及相关产业增加值占全省GDP比重达到了5%。2021年前三季度规模以上的文化企业超过8000家,文化企业的从业人员超百万。结合相关数据和研究结果可以得出,江苏省数字文化产业发展具备较高创新能力并且产业规模较大,2022年数字经济发展指数位居全国第三,发展潜力深厚,但是仍有南北发展不平衡的问题,苏南地区的经济发展水平较高,其文化产业竞争力也相对更强,苏中次之,苏北则相对较弱。政策支持方面,江苏省在30省市中排名第九,说明江苏省政府对文化事业的政策扶持力度相对较大,在当前数字文化产业发展势头良好的情况下,政府依旧采取相应政策来促进产业的发展。[1]

一直以来,山东省是经济总量全国排名第三的大省,也是北方第一强省,其历史文化资源丰富,但根据山东省相关部门的统计数据以及其他研究成果来看,该省的数字文化产业发展状况不容乐观,与东部其他沿海省份相

---

[1] 周娴:《数说江苏文化产业"这十年"》,《新华日报》,2022年1月28日。

比，其数字文化产业的竞争力较弱。2019年底，山东省纳入监管范围的265户省属文化企业共完成营业收入185.64亿元，同比下降0.34%；实现利润总额21.66亿元，同比增长18.66%；上缴各类税费6.52亿元。从政策层面看，2016年到2021年，山东省并没有出台太多与数字文化产业相关的政策，缺乏指导全省数字文化产业发展的宏观性文件。在30省市数字文化产业竞争力比较中，山东省在创新领域占有优势，市场需求也较为靠前，但其政策与企业排名严重落后，企业发展有着很大的进步空间。

2. 周边中部省份

在与安徽省毗邻的中部省份中，选取河南省进行对比分析。两省经济发展水平相近，安徽2023年地区生产总值为4.71万亿元，较上年增长5.8%，高于全国平均水平，而河南2023年地区生产总值为5.91万亿元，虽然同比增速低于安徽，但也达到了4.1%，仍然保持了稳定的增长。在人文资源方面，作为中华文明的主要发源地，河南省有着丰富的历史和文化遗产，这里孕育出了姓氏文化、诗词文化、中医药文化等多个文化门类，但其数字文化产业的发展水平比较落后，竞争力相对不足。韩东林对29个省市数字文化产业竞争力情况进行比较分析，其中河南省与安徽省同为竞争力一般的Ⅲ类地区，但河南省的数字文化产业竞争力略高于安徽省。[1]

河南省丰富的文化资源，比较健全的数字文化产业基础以及政府的大力支持，都是发展数字文化产业的有利条件。河南省作为历史文化名城，拥有巨大的文化生产潜力、天然的文化优势和特有的文化资源状况，为其发展数字化文化产业积累了丰富的文化素材。河南以"文化＋数字"的产业新格局，充分发挥地缘优势，构建了完善的文化产业发展体系。近年来，围绕文化产业发展，河南省政府先后出台了多项政策，将文化产业提升到一个新的战略高度，成立了专门的"文旅发展基金库"。根据河南省相关部门发布的统计数据，该省文化产业在2022年度的营业收入为4865.1亿元，比上年减少110.7亿元，下降2.2%，规模以上文化产业法人单位数2894个，2022年文化产业实现利

---

[1] 韩东林、巫政章：《我国数字文化产业区域竞争力评价——基于长三角、珠三角、京津冀的比较分析》，《武汉商学院学报》，2022年第1期。

润有所减少,但人均指标均有上升。[1] 从相关数据看,文化产业总体规模较小、发展缓慢,文化产业发展亟须与科技融合,突破发展瓶颈。

3. 对比结果分析

安徽省与东部省份江苏省、山东省相比,数字文化产业竞争力较弱,与同为中部省份的河南省相比,数字文化产业竞争力相当。通过比较发现,地区经济发展水平对各省份数字文化产业竞争力具有显著影响,地区经济发达的地区,其数字文化产业相较于经济欠发达地区,发展态势更好,竞争力更高。数字文化产业的竞争力除了受经济因素影响,还会受到文化资源、政府支持、发展数字技术等多方面的影响。

文化资源是数字文化产业发展的基础,也是创作数字文化产品的灵感源泉。在被对比的省份中,山东省、河南省文化资源更为丰富,优势更为明显,江苏省与安徽省相较于前两省文化资源较少,但文化多样性更强。在数字文化产业发展过程中,山东省、河南省致力于利用本省丰富的文化资源,打造出独特的数字文化 IP,创造特色文化品牌。

在苏、鲁、豫、皖四省中,江苏省的政府支持力度要大于其他三省。江苏省在 30 个省市数字文化产业竞争力排名中,政府支持度排名第 9 位,安徽省排名第 14 位,河南省和山东省分别为第 29 位和第 30 位。政府支持不仅包括出台发展文化产业相关政策,也包括政府补助。

数字技术的进步有助于提高数字文化产业的创新能力。在 30 个省市数字文化产业竞争力排名中,江苏省创新排名位列第二,其余三省创新能力排名由高到低为:山东省、河南省、安徽省。山东省的文化业制造业经费和人才投入大,因此促进了其数字技术的发展,创新潜力较大。河南省、安徽省在 30 省市中的创新排名分别为第 5 位和第 10 位,相较于其他落后省市在数字化资源要素方面有一定优势,但并不及江苏、山东两省。河南省和安徽省拥有较好的数字经济条件,为数字文化产业的健康发展提供了良好的技术支撑。[2]

---

[1] 张彦红:《"双循环"背景下河南省数字文化产业发展的路径研究》,《全国流通经济》,2021 年第 16 期。

[2] 周笑晗:《我国省域数字文化产业竞争力评价及差异研究》,硕士学位论文,河南财经政法大学,2023 年。

（二）经验与启示

通过比较，我们发现江苏省和山东省在技术创新和人才培养方面表现出色，同时江苏省支持文化产业发展的相关政策更为完善。山东省和河南省的文化资源更为丰富，两省在开发数字文化IP上更具经验。这些经验为安徽省提供了有价值的参考。

对于技术创新，安徽省应加大研发投入，提升数字文化产品的核心竞争力，如引入更多高新技术企业，建立产学研深度融合的创新机制。在人才培养上，安徽省可以借鉴江苏模式，优化教育体系，培养具有国际视野和创新能力的数字文化人才，以满足产业发展需求。安徽省应该通过出台相关政策优惠吸引人才、留住人才，借助中国科学技术大学等高等院校的科研创新能力发展数字文化产业。安徽省应加强与市场的紧密对接，通过举办各类文化活动和展会，扩大数字文化产品在国内外的知名度和影响力，抓住省内文化多样化的特征，发掘省内独特的文化资源，学习借鉴河南省近年来依靠地域传统文化创造数字影视产品的经验。同时，安徽省要借鉴其他省份在政策扶持方面的做法，为数字文化产业发展创造良好的政策环境，在税收优惠、资金补助等方面给予支持，进一步完善数字文化产业扶持政策。最后，针对存在的问题和瓶颈，如版权保护和数字化转型的推进，安徽省应针对性地制定解决方案，推动整个产业的持续健康发展。

三、安徽省数字文化产业竞争力提升对策

（一）加强政府政策扶持

政府的政策支持以及对市场环境的改善是提升整个产业竞争力的重要环节。近年来安徽省政府陆续出台相关政策促进数字文化产业的发展，但还不足以形成产业竞争力优势。为了进一步深化政策对安徽省数字文化产业发展的积极作用，安徽省政府可以通过提供税收优惠、财政补贴、资金扶持等激励措施，以降低文化产业企业的运营成本，促进产业的发展。针对数字文化发展中出现的结构发展不均的情况，政府通过相关财政政策，优化研发经费投入结构，政府将通过财政政策对研发资金的投入结构进行调整，提供资金支持以弥补不足，解决安徽省数字文化产业发展不平衡的问题。除此之外，

政府通过制定市场准入规则、行业标准和完善市场监管制度，可以很大程度上确保数字文化产业市场的公平竞争，防止垄断和不正当竞争，维护消费者权益，构建市场秩序，为数字文化产业的发展营造一个良好的营商环境。通过多元化的政策支持方式，缩小安徽省数字文化产业与他省的发展差距。

（二）数字技术创新发展

数字技术的创新发展是促进数字文化产业发展的关键因素。为促进数字技术的创新发展，可以鼓励数字文化企业参与数字技术基础设施的研究、建设和开发，完善发展数字文化所需的数字技术设施。如宿州在"云都"的基础上，不断完善数据中心、云平台等数字基础设施建设，提升APP、小程序等多种移动互联网基础设施建设水平，开发部分产品的人工智能、虚拟现实、增强现实服务，降低享受数字文化服务的门槛，提升服务水平和质量。以数字技术发展为前提和基础促进文化产业的发展，打造产业集群。将"数字+"融合到文化产业链发展建设中，发挥数字化优势，提升文化产业集成和协调能力。

（三）培养引进相关人才

拥有充足的数字文化产业相关人才是实现数字技术创新的关键，而数字技术的创新又是推动产业发展的关键因素之一。目前，安徽省借助中国科学技术大学的科技创新优势，已经能够做到较好地培育和发展人才，但在吸引人才和留住人才上与数字文化强省相比仍有不足。这就要求安徽政府和文化企业树立强烈的人才意识，营造良好的创新环境，促进人才的发展，使之引得进，育得出，留得住。为人才的成长与发展提供良好的制度环境，建立有效的人才激励保障机制以及科学合理的人才评价体系。除此之外，还要为相关人才提供良好的学习研发环境，鼓励和支持他们参与国际交流和合作项目，开拓视野，学习国外发展数字文化产业的先进经验，创新安徽高等教育模式，建立数字文化产业实训基地，为学生提供实际操作和项目经验的机会，为企业提供新鲜血液，促进产学研一体化。

（四）缩小城乡数字文化差距

目前，在安徽省数字文化市场中，存在不能够满足不同层次的消费需求、城乡数字文化消费差距大的现象。这是安徽省数字文化产品消费力不足的体现，将导致数字文化产业未来缺乏竞争力。为解决城乡之间数字文化产业发展、消费等方面的不平衡问题，政府需要通过制定相关政策，调整优化城乡之间数字文化资源不平衡的问题，完善农村艺术教育，提高乡镇居民数字文化素养，增加乡镇居民接触数字文化产品的渠道，培养居民消费数字文化产品的习惯。

（五）加强国际交流合作

当今世界文化竞争日趋激烈，日本、韩国以及美国等部分国家的数字文化产业发展起步早，目前已经取得了丰富的发展成果以及研究经验。安徽省数字文化产业的发展也需要放眼国际，在以经济国际化作为助力推动数字文化产业走出去的同时，深入了解国际市场，通过组织学者互访举办各种文化学术论坛等活动，加强数字文化产业领域的国际交流合作，学习借鉴他国的发展经验。

综上，安徽省数字文化产业在近年来展现出显著的增长态势，市场规模不断扩大，创新能力有所提升。然而对比其他省份的数据，安徽省在数字文化产业链整合、人才引进和政策支持方面仍存在一定的劣势。这表明安徽省数字文化产业市场发展仍不成熟，市场活力不足，相关政策有待完善。安徽省数字文化产业的未来发展将聚焦于技术创新、市场开拓、政策优化以及人才培育等多个维度，以实现高质量、可持续的增长。通过前瞻性的战略规划和务实的政策措施，安徽省有望在激烈的竞争中占据更有利的地位。

第四章　安徽省数字文化产业高质量发展指标体系的构建

本章的研究主要通过对数字文化产业的内涵及其在安徽省的现状和面临的挑战进行分析，按照定性与定量相结合的方式，构建一套综合评价指标体系，结合具体情况探讨高质量发展的策略和路径，包括加强数字技术研发应用、促进数字文化内容创新、优化产业结构等方面。所提出的指标体系和路径可为安徽省数字文化产业的持续健康发展提供指导，同时对其他区域数字文化产业的发展也具有借鉴和参考价值，为相关政策的制定提供科学依据，以期促进数字文化产业的提质增效与可持续发展。

一、安徽省数字文化产业高质量发展的内涵和路径

（一）安徽省数字文化产业发展的基本现状

1. 规模不断扩大

近年来，安徽省数字文化产业呈现出蓬勃发展的势头，产业规模逐年增长。各类数字文化企业纷纷涌现，数字内容生产能力逐步提升，数字文化产品与服务的市场需求也在不断增加。

2. 创新能力较强

在数字技术不断进步的背景下，安徽省数字文化产业积极应用新技术，不断推出创新产品和服务。各类文化内容呈现多样化、个性化的发展特点，满足了不同群体的文化需求。

3. 结构逐步优化

随着政府对文化产业的支持和引导，安徽省数字文化产业结构朝着多元化、专业化方向发展。传统文化与数字技术的结合，使得文化产品更具市场竞争力，产业链条逐渐完善。

4. 文化传播效果显著

数字文化产品的广泛传播和推广，使安徽省文化形象得到有效提升。网络平台的普及与发展，让文化内容更好地传播到全国乃至全球，促进了安徽省文化软实力的提升。

5. 生态建设取得初步成效

政府、企业以及社会各界齐心协力，共同推动数字文化产业的良性发展。数字文化创意园区、数字文化产业园等载体的建设，为企业提供了良好的创业和发展环境，推动了数字文化产业生态系统的形成与完善。

就目前来看，数字文化产业在安徽省的发展前景广阔，但是面临着一些挑战。安徽省数字文化产业仍然处于起步阶段，产业规模相对较小，产业链缺乏完整性和协调性，存在短板和薄弱环节。另外数字文化产品和服务的创新能力亟待提升，缺乏具有核心竞争力的知识产权和文化品牌，产业发展过程中还存在着数字技术与文化产业融合不够深入、文化内容缺乏市场竞争力等问题。最后，由于文化产业的特殊性，市场需求和消费习惯的变化也对数字文化产业的发展提出了挑战，需要加强市场调研和提升用户体验，以满足不同群体的需求。[1]这些挑战需要在构建数字文化产业高质量发展指标体系和制定发展策略时得到全面考量和有效解决。

（二）安徽省数字文化产业高质量发展的内涵

数字文化产业是指以数字技术为基础，以文化产品、文化服务和文化创意为主要内容，利用数字化、网络化、智能化等技术手段进行生产、传播、消费和管理的产业形态。数字文化产业具有以下特点：一是具有数字化特征，

---

[1] 赵剑波、史丹、邓洲：《高质量发展的内涵研究》，《经济与管理研究》，2019年第11期。

即文化产品和服务以数字化形式存在和表达；二是具有信息化特征，即文化产品和服务的生产、传播和消费过程依赖信息技术支撑；三是具有网络化特征，即文化产品和服务通过网络平台进行交流和传播；四是具有创新性特征，即数字技术的运用带来新的生产方式、产品形态和市场需求。

安徽省数字文化产业高质量发展是指以数字技术为基础，以安徽省本地文化资源和文化创意为主要内容，利用数字化、网络化、智能化等技术手段进行生产、传播、消费和管理的产业形态。安徽省数字文化产业发展较快，涵盖文化创意、数字游戏、数字影视、数字出版、数字艺术等多个领域。同时，安徽省数字文化产业也面临一些挑战，如技术创新能力相对较弱，文化产品和服务质量亟待提升，产业生态体系建设还需加强等问题。因此，构建适合安徽省数字文化产业高质量发展的指标体系，有助于科学评价产业发展水平，明确发展方向，促进产业升级和结构优化。

（三）安徽省数字文化产业高质量发展的路径

在构建了安徽省数字文化产业高质量发展指标体系的基础上，本研究结合安徽省数字文化产业的具体情况，提出了一系列具体的发展路径和策略，以推动数字文化产业的高质量发展。

本研究建议加强数字技术的研发与应用。数字技术是数字文化产业的核心驱动力，只有不断提升技术水平和应用能力，才能保持产业竞争力。政府可以引导企业加大技术研发投入，同时加强产学研用合作，促进数字技术在文化产业中的广泛应用。

创新是数字文化产业高质量发展的关键。本研究建议促进数字文化内容的创新，鼓励企业加大文化创意产出，推动精品内容不断涌现。政府可以加大对文化创意产业的扶持力度，提供更多的创新支持政策，激发企业的创意活力。

优化产业结构也是数字文化产业高质量发展的必经之路。本研究建议通过优化资源配置、提高产业链整合水平，推动产业结构向高端、多元化方向升级。政府可以出台相关政策，引导企业加大产业结构调整力度，实现数字文化产业结构的优化升级。

扩大文化产品和服务的国内外市场是数字文化产业高质量发展的有效路

径之一。本研究建议加强对外合作，拓展海外市场，提升数字文化产品的国际竞争力。政府可以通过出台贸易政策和文化交流活动，帮助企业开拓国际市场，提升产品的国际知名度和市场份额。

强化产业生态系统建设是推动数字文化产业高质量发展的关键，有助于构建良好的产业合作伙伴关系，建立健全的产业生态链条，形成良性发展循环。政府可以加强产业间的协同发展，建立产业联盟，推动数字文化产业生态系统的健康发展。

通过构建的具体路径和策略，为安徽省数字文化产业的高质量发展提供重要的指导和参考，有助于推动安徽省数字文化产业迈向更高水平，实现可持续发展目标。

二、安徽省数字文化产业高质量发展的指标体系

（一）构建方法

为了构建适用于安徽省数字文化产业高质量发展的指标体系，本研究采用了定性与定量相结合的研究方法。首先，通过文献综述和现状分析，界定了数字文化产业在安徽省的内涵和现状，明确了发展中面临的挑战。接着，结合专家咨询、德尔菲法和因子分析等技术，构建了多维度的指标体系，从产业规模、技术创新、产业结构、社会贡献、文化影响五个维度引导安徽省数字文化产业高质量发展。

在指标体系构建过程中，首先在具体研究框架下确定了各维度的评价指标，并对指标进行了合理性和可操作性的验证。随后，通过因子分析等统计方法，筛选出最具代表性和权重较高的指标，保证了指标体系的科学性和全面性。最终形成了一套全面、科学、具有操作性的指标体系，可以有效评估安徽省数字文化产业的高质量发展水平。

本研究在指标体系构建方法上结合了多种研究技术和方法，提高了指标体系的科学性和准确性。通过与相关领域的专家咨询和讨论，使得指标体系更加符合现实需求和发展趋势，提高了研究的可信度。

最后，本研究在数字文化产业高质量发展指标体系构建方法上的探索和实践，为安徽省数字文化产业的可持续发展提供了科学依据和方法支持，也

能够对其他地区数字文化产业的指标体系构建提供一定的借鉴和参考，有助于推动全国数字文化产业高质量发展的进程。

（二）指标设置

在安徽省数字文化产业高质量发展指标体系的构建中，根据研究目的和研究对象的特点，本研究将指标体系划分为五个维度：产业规模维度、技术创新维度、产业结构维度、社会贡献维度、文化影响维度。在每个维度下设定了具体的指标，以全面评价安徽省数字文化产业的高质量发展情况。

本书通过文献调查及专家咨询，建立了包含5个一级指标、15个二级指标和30个三级指标的文化产业发展评价指标体系。一级指标包括产业规模、技术创新、产业结构、社会贡献、文化影响。

在产业规模维度，本研究设定了增长速度、盈利能力、投资强度等指标，以衡量数字文化产业在安徽省的规模扩张和经济贡献。

在技术创新维度，设定了研发投入、专利产出、新产品开发等指标，以评估数字文化产业的创新能力和技术实力。

在产业结构维度，设定了产业链完整性、企业结构、产品和服务多样性等指标，以评价数字文化产业结构的合理性和优化程度。

在社会贡献维度，设定了就业贡献、教育与培训、社会责任等指标，以评估数字文化产业在社会责任方面的承担情况。

在文化影响维度，设定了文化传播力、创意内容生产、文化遗产保护与利用等指标，以评估数字文化产业的影响力。

1. 产业规模

通过对国家或地区的文化产业数量及从业人员数量的评估与衡量，本书初步得出该地区对相关产业的重视程度。该维度主要针对已经存在的文化产业总量。

增长速度：安徽省在数字文化产业的增长速度方面取得了显著的成绩。2024年安徽省政府工作报告中指出，将继续"推动文化产业的高质量发展。实施文化产业重大项目带动工程，建设一批创意设计、动漫游戏等特色小镇和园区。"这表明安徽省正致力于通过数字化手段推动文化产业的发展，并加速数字技术的融合应用。本书选取了数字文化产业年增长率、产值增长率两项指标来评估安徽省数字文化产业增长速度。

盈利能力：安徽省数字文化产业的盈利能力在近年来有了显著提升。据报道，安徽省的文化企业在2023年第一季度实现了营业收入639.2亿元，尽管比去年同期下降了3.7%，但在文化新业态特征较为明显的16个行业小类中，营业收入达到了151.8亿元，同比增长了5.9%，这一增速快于全部规模以上文化企业9.6个百分点；文化企业实现的利润总额为20.7亿元，同比增长了8.5%，营业收入利润率为3.2%，同比提高了0.3个百分点。对数字文化产业盈利能力的评估选取了净利润率、营业利润率等指标。[1]

投资强度：安徽省政府还在积极推动数字技术与实体经济的深度融合，以期在数字经济领域取得更大的突破，这种政策导向下的投资行为，无疑将进一步增强安徽省数字文化产业的盈利能力和投资吸引力。总的来说，安徽省数字文化产业的投融资情况显示出积极的趋势，随着政府的持续投入和社会各界的关注，预计未来的投资强度将会进一步增加。对数字文化产业投资强度的评估选取了投资总额、投资增长率等指标。

2. 技术创新

创新是一个产业能够继续发展壮大的重要条件，只有不断推陈出新才能紧跟时代发展的步伐。技术型文化产业的出现是文化产业发展进入新阶段的重要标志。该维度偏向于文化产业未来发展进步的潜力。

研发投入：安徽省还提出了《加快发展数字经济行动方案（2022—2024年）》，旨在到2024年，全省数字经济核心产业增加值占GDP比重力争达到全国平均水平，全省电子信息制造业营业收入总量力争突破6 000亿元。对数字文化产业研发投入的评估选取了研发费用支出总额、研发费用占产值比重两项指标。

专利产出：安徽省数字文化产业的专利产出在全国排名靠前，安徽省对专利进行创新鼓励和政策支持，对数字文化产业专利产出的评估选取了授权

---

[1] 锐观产业研究院：《2024—2028年安徽省文化产业前景预测及投资咨询报告》，2024年2月20日。

专利数量、专利引用次数两项指标。

新产品开发：安徽省数字文化产业在新产品开发上的策略包括推动文化产业的高质量发展、支持新兴业态的创新，以及通过产学研结合的方式促进新产品的研发和推广。这些措施都有利于安徽省数字文化产业的健康可持续发展，并为消费者提供更多优质的文化产品和服务。对数字文化产业新产品开发的评估选取了新产品（服务）数量、新产品销售收入两项指标。

3. 产业结构

数字文化产业是指运用数字技术和互联网技术，对传统文化产业进行改造和升级，形成的以数字内容为核心，以信息技术为手段，以网络为载体的新型文化产业形态。它包括但不限于数字影视制作、数字音乐制作、数字图书出版、数字动漫创作、数字游戏开发、数字艺术品交易等多种形式。

产业链完整性：评估数字文化产业链条的完整性和各环节发展水平。数字文化产业上游主要是内容创作者和版权所有者，中游是数字内容的加工处理和传播，下游则是消费者和用户。整个产业链条涉及内容创作、版权保护、内容加工、渠道分发、终端消费等多个环节。

企业结构：安徽省数字文化产业的企业结构涉及多个层面，包括企业规模、企业类型、企业组织形式等方面。众多企业共同构成了安徽省数字文化产业的基础，并为其未来的发展奠定了坚实的基础。此处选取了大中小企业比例、企业集中度等评价指标。

产品和服务多样性：安徽省数字文化产业服务包括了游戏、物联网、音乐、短视频、人工智能等。此处选取了产品和服务种类、创新产品比重等评价指标。

4. 社会贡献

文化产业在发展过程中会对社会文化氛围造成影响，文化产业的发展及文化商品的大量出现也会带动优秀文化的弘扬与发展。这一维度侧重于对社会文化氛围及文化传承与实力的影响。

就业贡献：安徽省数字文化产业的发展对就业的贡献，主要体现在社会第三产业方面。此处选取了数字文化产业就业人数、就业增长率等评价指标。

教育与培训：安徽省在数字文化产业教育和培训方面的努力体现在多个

方面。例如，安徽省公共数字文化智能服务项目业务培训班是一个重要的平台，它旨在提升数字文化产业从业者的业务能力和服务水平。此处选取了相关专业建设、人才培养数量两项指标。

社会责任：安徽省数字文化产业对地方经济的贡献也是不可忽视的。数字文化产业的发展带来了大量的就业机会，这对于缓解当地的就业压力、提高居民的收入水平都有着重要的作用。安徽省数字文化产业的社会责任涵盖了人才培养、技术创新、环境保护、社会公益等多个方面，这些都是企业在追求经济效益的同时承担社会责任的体现。此处选取了企业社会责任报告发布率、参与公益活动的企业比例两项指标。

5. 文化影响

数字文化产业对社会的影响主要表现在丰富了人们的精神文化生活，满足了人们对多样化、个性化文化的需求。同时，数字文化产业的发展也推动了社会信息化进程，改变了人们的消费习惯和生活方式。

文化传播力：安徽省在数字文化传播方面表现出色。据最新的数据，安徽省在全国省级文化和旅游行政部门的社交媒体平台的传播力指数排名中多次进入前十。[1] 此处选取了数字内容海外传播覆盖范围、受众反响等指标。

创意内容生产：安徽省在数字文化产业创意生产方面取得了一定的成就。据报道，安徽省在数字创意产业方面进行了积极的尝试和创新，包括运用大数据、云计算、区块链、5G通信、虚拟现实、增强现实等信息技术，推动文化和旅游业的融合发展。此处指标选取包括原创内容数量、用户参与度等。

文化遗产保护与利用：安徽省在数字文化产业发展中，特别注重安徽省文化遗产的保护与利用。近年来，安徽省采取了一系列措施，结合现代信息技术，对文化遗产进行数字化保护和传承。此处选取了数字化保护项目数、利用效果评估两项指标。

---

[1] 安徽大学舆情与区域形象研究中心等机构：《安徽省城市形象传播力指数报告（2023）》，2024年1月23日。

表 4-1 文化产业高质量发展评价指标体系

一级指标 A	二级指标 B	三级指标 C
产业规模 A1	增长速度 B1 盈利能力 B2 投资强度 B3	数字文化产业年增长率 C1 产值增长率 C2 净利润率 C3 投资增长率 C4 营业利润率 C5 数字文化产业投资总额 C6
技术创新 A2	研发投入 B4 专利产出 B5 新产品开发 B6	研发费用支出总额 C7 研发费用占产值比重 C8 授权专利数量 C9 专利引用次数 C10 新产品（服务）数量 C11 新产品销售收入 C12
产业结构 A3	产业链完整性 B7 企业结构 B8 产品和服务多样性 B9	评估数字文化产业链条的完整性 C13 各环节发展水平 C14 大中小企业比例 C15 企业集中度 C16 产品和服务种类 C17 创新产品比重 C18
社会贡献 A4	就业贡献 B10 教育与培训 B11 社会责任 B12	数字文化产业就业人数 C19 就业增长率 C20 相关专业建设 C21 人才培养数量 C22 企业社会责任报告发布率 C23 参与公益活动的企业比例 C24

续表

一级指标 A	二级指标 B	三级指标 C
文化影响 A5	文化传播力 B13 创意内容生产 B14 文化遗产保护与利用 B15	数字内容海外传播覆盖范围 C25 受众反响 C26 原创内容数量 C27 用户参与度 C28 数字化保护项目数 C29 利用效果评估 C30

（三）因子分析验证

因子分析验证是验证指标体系内部结构和指标之间的关联性的重要方法之一。本研究采用因子分析对构建的安徽省数字文化产业高质量发展指标体系进行了验证，旨在确认各个指标之间的相关性和内在结构。

通过因子分析可以确定指标之间的相关性，将高度相关的指标进行合并，减少指标数量，提高指标体系的简洁性和可操作性。其次，因子分析可以揭示隐藏在指标之间的潜在结构，帮助研究者理解指标之间的内在联系和作用机制。最后，因子分析还可以评估指标的贡献度和权重，为指标体系的权重分配和综合评价提供依据。

通过因子分析验证，本研究确认了构建的指标体系的内部结构和指标之间的相关性，并进一步优化了指标体系的设计。因子分析结果显示，各个指标在不同因子下的分布情况进一步验证了指标体系的科学性和合理性。在指标体系的综合评价中，根据因子分析的结果进行权重分配，提高了评价结果的准确性和客观性。

因子分析验证为本研究的指标体系构建提供了重要的支持和验证，确保了指标体系的科学性和可靠性，为后续的高质量发展路径探讨和策略制定提供了基础和保障。

三、安徽省数字文化产业高质量发展指标体系的创新点

（一）针对性

本研究在数字文化产业高质量发展指标体系构建过程中具有以下针对性创新点。

1. 针对安徽省数字文化产业的特点和现状，本研究结合当地文化底蕴和数字经济发展情况，构建了一套全面而具体的指标体系。该指标体系不仅考虑了产业发展规模和创新能力，还着重关注了文化传播效果和产业生态建设等关键领域，使得评价体系更加贴近安徽省的实际情况。

2. 本研究在指标体系构建过程中充分融合了定性与定量的研究方法，通过专家咨询、德尔菲法和因子分析等技术手段，确保了指标体系的科学性和全面性。同时，结合了当地数字文化产业的具体情况，精准量化了每个指标的权重和关联度，增强了指标体系的可操作性和可靠性。

3. 本研究提出的高质量发展路径和策略，根据对安徽省数字文化产业的分析和研究，针对性地指出了加强数字技术研发与应用、促进文化内容创新、优化产业结构等关键方向。这些路径和策略不仅创新性强，而且具有很强的可操作性，能够为地方政府和企业提供实质性的决策依据，推动数字文化产业高质量发展。

（二）可操作性

本研究提出的数字文化产业高质量发展路径和策略具有很强的可操作性，可以为安徽省数字文化产业的实际发展提供有效的指导和支持。

加强数字技术的研发与应用是数字文化产业高质量发展路径的关键一环。安徽省可以通过设立专门的科研机构或实验室，加大对数字技术的投入，推动数字技术在文化创作、娱乐产业等领域的应用，提升数字文化产品的质量和竞争力。

促进数字文化内容的创新也是其中的重要方面。安徽省可以鼓励文化机构、企业以及个人加大对数字文化内容的创作力度，推出更多具有创新性和独特性的作品，满足不同群体的文化需求，打造具有影响力的数字文化品牌。

优化产业结构是数字文化产业高质量发展的关键一环。安徽省可以通过

引导资金向数字文化产业集聚，培育具有核心竞争力的龙头企业，推动产业链上下游的协同发展，实现产业结构的优化和升级。

扩大文化产品和服务的国内外市场也是数字文化产业高质量发展路径的一部分。安徽省可以积极参与文化产业交流合作活动，拓展数字文化产品的销售渠道，开发海外市场，提升产品的国际竞争力，实现产业的跨越式发展。

强化产业生态系统建设是支撑数字文化产业高质量发展的重要保障。安徽省可以加强与相关部门的合作，共同构建数字文化产业的政策法规体系，促进产业链各环节的良性互动，推动全产业生态系统的协同发展。

四、安徽省数字文化产业高质量发展指标体系构建的意义

（一）指导意义

本研究构建了一套适用于安徽省数字文化产业的高质量发展指标体系，并基于此体系提出了多方面的发展路径和策略。这些研究成果对于指导安徽省数字文化产业的持续健康发展具有积极的意义。

通过对产业发展规模、创新能力、结构优化、文化传播效果和产业生态建设等维度进行综合评价，可为政府和企业提供科学的指导，帮助其把握数字文化产业的发展方向和重点，推动产业结构优化和升级。

本研究提出的数字文化产业高质量发展路径和策略，包括加强数字技术研发与应用、促进文化内容创新、扩大市场和强化产业生态系统建设等方面，为数字文化产业的发展提供了具体的行动指南。这些路径和策略的提出，可为相关部门和企业提供借鉴，推动数字文化产业实现可持续发展。

本研究成果对指导安徽省数字文化产业的持续健康发展具有重要的实践意义和政策建议，同时也对中国数字文化产业的整体提质增效和可持续发展起到了积极的推动作用。

（二）借鉴价值

本研究所构建的安徽省数字文化产业高质量发展指标体系和路径除了具有一定的指导意义，还对其他地区数字文化产业的发展具有借鉴价值。首先，研究方法和思路可以为其他地区构建类似的指标体系提供参考，帮助其他地

区更好地评估和推动数字文化产业的发展。其次，研究成果中提出的高质量发展路径和策略也可为其他地区制定数字文化产业发展政策提供参考，帮助其他地区实现数字文化产业的可持续发展和提质增效。因此，本研究成果对于推动全国范围内数字文化产业的发展，促进经济转型和社会进步具有积极的意义。

（三）科学依据

本研究的指标体系构建和高质量发展路径研究为安徽省数字文化产业的发展提供了科学依据和指导。基于研究成果，可以为相关政策的制定提供参考，推动数字文化产业的提质增效和可持续发展。

通过构建的指标体系，政府部门可以全面评估安徽省数字文化产业的发展情况，并及时调整政策和措施，以促进产业的高质量发展。在制定数字文化产业政策时，可以根据指标体系的评价结果，有针对性地提出支持和引导措施，提高政策的针对性和有效性。

研究提出的高质量发展路径和策略可以为政府和企业决策提供参考。政府部门可以根据研究成果，制定相应的政策支持措施，引导企业加强数字技术研发与应用，促进文化内容创新，优化产业结构，拓展市场空间等。同时，企业可以根据研究成果，调整发展战略，提升产业竞争力，实现高质量发展。

总之，在数字文化产业的快速发展过程中，安徽省面临着一系列挑战和机遇。受制于产业规模和创新能力等因素，安徽省数字文化产业仍然存在发展不平衡和不充分的问题。因此，构建一套全面、科学、具有操作性的指标体系，评价数字文化产业的发展水平，探讨高质量发展的具体路径，对于推动安徽省数字文化产业的快速健康发展具有重要意义。希望借助本研究成果，安徽省数字文化产业能够迸发出更强大的发展活力，为地方经济社会发展作出更大贡献。

第五章　安徽省文化品牌数字化构建策略

本章以历史文化资源丰富的安徽省作为研究对象，通过广泛阅读相关文献和深入调研，了解安徽省在数字化文化品牌构建过程中所面临的挑战，探索数字化手段如何助力安徽省文化品牌的构建与推广，如何通过数字化手段使安徽省文化资源得到更好的保护、传承和发展，如何解决文化品牌在数字化过程中遇到的困境，并提出了一系列针对性的对策和建议，结合成功案例，为安徽省文化品牌数字化的发展提供经验和教训的总结，不仅能够丰富学界在相关领域的研究成果，还可以为其他省份构建地方特色文化品牌、提升文化知名度和影响力提供重要参考，同时也能为各级政府部门制定相关政策提供理论支持，让政策更具有可行性，促进文化品牌数字化发展。

一、安徽省文化品牌构建现状

（一）安徽省文化资源概述

安徽省位于华东地区，濒临长江，是中国的重要文化省份之一。有着丰富的文化资源和深厚的历史底蕴。在自然文化资源方面，安徽有"五岳归来不看山，黄山归来不看岳"之称的天下第一奇山——黄山，它的神奇壮观已经深深融入文学、绘画、诗词等众多艺术形式中，为人们所瞩目。还有被称为佛教四大名山之一的九华山，其浓厚的宗教色彩也给人们留下深刻的印象。

在人文历史资源上，安徽省是徽文化的发祥地之一。徽派文化中的徽州古建筑，以其别具一格的建筑艺术和工艺，被誉为"徽州古文化的活化石"。

除此之外,被完整保留下来的明清古村落西递、宏村也是一幅生动的历史画卷。这些珍贵的历史文化遗产为安徽省文化品牌的创造提供了得天独厚的条件。

然而,尽管安徽省的文化资源优势明显,但在文化品牌构建的过程中,也存在许多问题。首先,安徽丰富的文化资源未能得到充分的开发。由于政治、经济和地方文化等种种原因,安徽省的徽州文化、黄山文化以及宗教文化等资源,在应用于文化品牌构建的过程中,还存在许多困难,包括知识产权保护不足、文化创新力度不够以及文化管理体系不健全等问题。其次,虽然安徽省拥有丰富的自然文化资源,但是在现代科技与文化资源运用上,特别是与数字化技术结合的过程中,还有许多问题需要解决。

(二)安徽省文化品牌数字化现状

在数字化技术应用上,安徽省文化品牌构建已经呈现出良好的态势。以省内的皖剧、黄梅戏等传统剧种为例,这些具有浓郁地方特色的文化资源通过数字化技术得到了重生。早在2017年,安庆市黄梅戏剧院结合黄梅戏特色,开始重点开发黄梅戏资源数据,构建一个集内容浏览、内容搜索等为一体,功能实用的黄梅戏特色数字资源库系统,通过该资源库可以了解黄梅戏的前世今生和欣赏精彩的戏曲。为了提高互动性,设计方还研发了手机版APP"掌上黄梅"。通过数字化采集、存储和传播,让这些传统艺术形式得以更好地保护和传承。同时,还有凤阳花鼓戏、马鞍山铁画等本土非物质文化遗产通过数字化手段传播,不仅提高了品牌知名度,还保护和推广了传统文化。

然而,像黄梅戏这样成功的数字文化品牌还是相对较少。目前安徽省数字文化品牌发展还存在不少问题,首先是数字技术应用分布不均衡。在一些经济较为发达地区,如合肥、芜湖,数字化技术得到了广泛应用,但在一些较为偏远、经济欠发达的地区,还面临着一些硬件设施不足、人才缺乏等问题。这种局面在一定程度上制约了安徽省文化品牌构建的发展。此外,数字化应用范围和深度还需进一步拓展和深化。现阶段,许多地方在数字化文化品牌构建时主要以广度扩张为主,在精细化和深度化应用上还比较薄弱,模式相对单一,缺乏创新等。

安徽省的文化资源虽然很丰富,但是很多历史文化资源还没有得到充分的开发。尽管地方政府和相关企业都非常重视数字化文化品牌建设,但是各类文化品牌在数字化建设方面还存在不少问题。对于安徽省而言,构建数字化文化品牌还有很长的路要走,需要在实践中继续探索,不断丰富和完善数字化文化品牌的构建模式。只有这样,才能更好地发挥文化品牌在提升地区文化软实力、推动社会经济发展方面的重要作用。

二、数字化对文化品牌构建的作用

(一)主要概念界定

1. 数字化

数字化是将信息、数据、内容或者资源转换为数字形式或数字化形式的过程,其与不同行业进行合作,将数字技术渗透至各个环节,成为改变生产生活方式、产业变革升级的新动能。从定义出发,数字化的概念有狭义和广义之分。狭义上的数字化是指在计算机领域,将各种信息变成二进制代码,输入计算机内部,形成数字代码,再输出数据的过程;广义的数字化是指利用一切数字技术,如互联网、云计算、大数据等,对诸如政府、企业等主体进行改革与重塑的过程。[1]其中,广义的数字化涵盖了狭义的数字化概念,这里讨论的数字化对文化品牌构建作用研究主要为广义上的数字化概念。

2. 文化品牌

文化品牌又被称为品牌文化(Brand Culture),指通过赋予品牌深刻而丰富的文化内涵,形成鲜明的品牌定位,并充分利用各种强有效的内外部传播途径形成消费者对品牌在精神上的高度认同,创造品牌信仰,最终形成强烈的品牌忠诚。[2]而对于文化品牌构建来说,其本质是将文化产品或服务塑造成为一个具有辨识度和吸引力的品牌。文化品牌代表了一个地域的文化特性,其本质是地域文化的浓缩或精华;文化品牌建设是地域文化去粗取精的过程。

---

[1] 中国信息通信研究院:《电信业数字化转型发展白皮书(2022年)》,2023年1月8日。
[2] 柏定国:《文化品牌学》,湖南师范大学出版社2010年版,第52页。

（二）数字化对文化品牌的作用

进入数字化时代，数字化技术为文化品牌构建开辟了一条新的路径，对文化品牌构建有促进作用。数字技术赋能文化产业，催生了一种全新的文化品牌构建模式，丰富了文化产业内容，拓宽了传播路径，提高了传播效率，推动文化品牌发展。在文化品牌构建中，数字化主要表现在运用数字化技术、改造和优化品牌构建、提升品牌的影响力。

例如，数字媒体营销已经成为文化品牌构建的重要工具。借助短视频平台和社交平台等数字媒体，使品牌信息的传播更加迅速。网络营销的应用，使文化品牌营销行为的时空限制被打破，消费者接触和参与的渠道更加广泛。同时，通过大数据分析精准推送的方式，能够精准地把握用户需求，提升用户体验增强用户黏性，扩大品牌影响力。

数字化技术在文化品牌构建中的应用，对文化品牌构建也起到了很重要的作用。一个典型的例子是虚拟现实（VR）和增强现实（AR）技术为文化品牌提供了一个新的展示平台，通过构建逼真的虚拟体验环境，让消费者能够深入了解和体验品牌背后的文化内涵。例如故宫博物院使用VR技术，恢复历史建筑的全貌、复原文物的原貌，让游客仿佛置身于几百年前的宫廷中。这样独特的体验，能够有效地提升品牌的认知度和口碑。

数字化技术在文化品牌构建中发挥着不可或缺的作用，尽管目前仍面临技术应用不成熟和文化品牌数据不完善等挑战，但这些问题并不妨碍我们看到数字化为文化品牌带来的巨大机遇。通过数字化手段，文化品牌能够跨越时空界限，触达更广泛的受众，实现更高效的传播和推广。因此，我们应积极面对数字化技术，不断完善和优化数字化应用，以推动文化品牌的繁荣发展。

（三）案例分析——以"熊出没"为例

在当今数字化时代，文化品牌的构建离不开先进技术的支持。华强方特的"熊出没"IP就是一个典型的例子，它充分利用了数字化技术，成功构建了一个深受大众喜爱的文化品牌。

"熊出没"之所以能够在众多动画品牌中脱颖而出，首先得益于其精准的品牌定位。它定位于"合家欢"动画，不仅吸引了儿童观众，也得到了成年观众的喜爱。这种广泛的受众定位使得"熊出没"能够触及更广泛的市场，为品牌的长期发展奠定了坚实基础。

然而，品牌定位只是成功的一部分，真正让"熊出没"大放异彩的是其在数字化技术方面的应用。通过大数据分析，"熊出没"能够精准地了解观众的喜好和需求，从而为观众提供更加个性化的内容。例如，在短视频平台上，"熊出没"通过 AI 算法和大数据分析，根据用户的日常浏览、点赞和评论等行为进行精准推送，既节省了宣传成本，又扩大了宣传范围。这种精准的内容推送让观众感受到了品牌的关注和用心，从而增强了观众与品牌之间的黏性。

此外，"熊出没"在电影制作方面也充分利用了数字化技术。通过先进的三维动画技术，"熊出没"为观众带来了更加真实、震撼的视觉体验。同时，数字化技术的应用也提高了动画制作的效率和质量，使得"熊出没"能够在保持高质量水准的同时，持续快速地产出大量产品，满足市场需求。

数字化技术的应用不仅体现在内容创作和宣传上，还体现在品牌体验的打造上。通过 VR 虚拟现实技术，"熊出没"为用户创造了一个沉浸式的环境，让游客仿佛置身于"熊出没"的世界中。这种线上线下的融合模式不仅提升了用户体验，还增强了品牌的影响力。

总的来说，"熊出没"的成功离不开数字化技术的支持。通过运用大数据分析、AI 算法、三维动画技术等数字化手段，"熊出没"成功构建了一个深受大众喜爱的文化品牌。

从"熊出没"的案例中，我们可以得到以下启示。首先，数字化技术是推动文化品牌发展的重要力量。安徽省应充分利用数字技术的优势，加强品牌宣传和推广，提高品牌知名度和影响力。同时注重技术创新和更新，提升文化产品的质量和竞争力。

其次，注重线上线下融合发展。安徽省可以借鉴"熊出没"的经验，将线下体验和线上宣传相结合，为用户提供更加丰富、立体的文化体验，提升用户黏性和忠诚度。

最后注重文化资源的深度开发和整合。安徽省拥有丰富的文化资源，但存在开发深度不够的问题，应学习"熊出没"的 IP 深度开发经验，充分挖掘和利用本地文化资源，打造具有独特魅力的文化品牌。

三、安徽省文化品牌数字化存在的问题

（一）文化产业发展水平不高

从李冰鑫对我国 30 个省份文化产业高质量发展测度结果（未列入港澳台和西藏地区数据）分析，可以得到，早在 2012 年，安徽省文化产业发展水平就位居全国第 14 位。但是到了 2020 年，安徽省位列第 13 位。在过去的 8 年时间里，安徽省文化产业发展水平有所提升，但与排名前几的省份相比，差距依然明显。[1] 排名一直第一的广东省，其发展体量几乎是安徽省的 4 倍。而出现这种状况，主要是因为安徽虽然地域上属于华东地区，但是经济上却属于中部经济区。东部地区 GDP 领先，文化消费旺盛，吸引众多企业和产业基地汇聚，形成强大的产业集群效应。相比之下，中西部地区受限于经济发展水平，对文化产业相关企业吸引力不足，企业数量相对较少，难以形成规模效应。这种不均衡的分布导致技术创新和产业升级的动力在中西部地区相对较弱，进一步拉大了地区间的经济差距，也制约了安徽省文化产业的发展。

（二）省内经济发展不均衡

安徽省 16 个地级市被划分为皖北 - 皖中南、长三角区域一体化中心区 - 非长三角区域一体化中心区两大块。以合肥和芜湖为主的皖中南地区，得益于较高的经济水平和先进的数字化技术，能够满足文化产业数字化转型的需求，使得数字经济与文化产业得以深度融合，从而推动了文化产业的高质量发展。而皖北地区由于历史和现实原因，经济发展水平相对较低，数字技术的普及和应用也相对滞后。这使得皖北地区难以享受数字经济的红利，制约了其文化产业的发展。[2] 这主要是因为皖北地区多为资源型城市，随着资源的逐渐枯竭，面临劳动力流失和经济发展放缓的双重压力。而皖南多发展新兴产业，如旅游业、高新技术产业等，同时还受到长三角经济圈的辐射作用，经济、科技发展水平较高，有利于数字经济和文化产业发展。安徽省南北发

---

[1] 李冰鑫：《数字经济对文化产业高质量发展的影响研究——基于省级面板数据》，硕士学位论文，山东大学，2023 年。

[2] 丁仕潮、张飞扬：《数字经济驱动安徽省文化产业高质量发展探论》，《安庆师范大学学报（社会科学版）》，2023 年第 5 期。

展的不均衡,给文化品牌的构建带来了一定的困难。

(三)数字化人才不足

人才是推动数字化发展的重要因素。然而随着信息技术的迅猛发展,各行各业对数字化人才的需求呈现出爆炸式增长。据报道,当前数字人才总体缺口在2500万至3000万左右,且缺口仍在持续放大。人瑞人才执行董事、主席兼行政总裁张建国对记者说,这种人才紧缺的情况,预计会持续三到五年。[1]安徽省也面临着人才短缺的问题。由于高等教育和职业教育在培养数字化人才方面还存在一定的滞后性和教育资源的不平衡,导致相关专业培养的人才数量和水平不能完全满足市场的需求。安徽省虽然位于长三角经济圈,但是由于经济发展水平和生活配套服务等方面的差距,可能会导致数字化人才流向经济更发达的地区,加剧本地人才短缺。同时虽然政府已经制定培养和吸引数字化人才的政策,但在执行和推动方面不够充分,对数字化人才缺乏足够的吸引力。

(四)文化版权保护问题

在数字化时代,文化知识产权的保护变得更加困难。互联网的快捷性和多元性,使得盗版和侵权的行为变得更加隐蔽。互联网上未经授权就广泛传播的图书、音像作品等比比皆是,这不仅损害了原创者的合法权益,也影响了文化产业的健康发展。且目前随着跨国娱乐和短视频平台的兴起,增加了版权保护和执法的难度。不同国家和地区的法律制度不同,使得跨境执法难度很高,多平台传播使得侵权溯源变得困难。虽然有关部门在加强对文化知识产权的司法保护,但在实际操作中,法律的作用并不是很明显,主要是违法成本较低,这需要进一步完善相关法律法规。中国在版权方面起步较晚,大量消费者对版权价值有着错误的理解。导致市面上存在着大量的侵权行为,消费者不愿意为正版付费,通过非法途径获取数字文化产品,使得"劣币驱逐良币"。数字化文化品牌版权保护面临的困境是多方面的,涉及技术、法律、观念等多个层面,阻碍了数字化文化品牌的发展。

在数字化文化品牌构建的过程中,内容的开发与创新、技术更新以及资

---

[1] 张莫、王璐、祁航:《"数字人才"需求旺盛》,《经济参考报》,2023年6月9日。

源整合等方面的困难同样不容忽视。为了应对这些挑战,我们需要从全局出发,制订切实可行的策略,采取有效的措施,从而推动文化品牌在数字化时代蓬勃发展。

四、安徽省文化品牌数字化构建策略

(一) 加强数字基础设施建设

想要整合数字资源和建设数字平台,离不开数字基础设施建设,它是数字文化品牌发展的基础,可以促进人力物力的快速流动,进而推动社会经济的发展。对于文化产业来说,数字基础设施有效地串联起文化资源与用户,使文化内容的传播更加便捷。根据安徽省数据资源管理局的数据可知:截至2022年,安徽省有5G基站8.5万个,位于全国第10,信息基础设施建设仍有提升空间。这就要求安徽省要加速数字基础设施建设。

加强统筹规划,由省级相关部门牵头建立联动协调机制,共同谋划和推进数字基础设施建设的各项重点任务。在这个过程中,各部门应充分发挥作用,确保各项政策措施落到实处。同时,鼓励各市结合实际制定针对性强、可操作的实施方案,创新相关配套政策,为数字化文化品牌的构建提供有力支持。逐步建立数字基础设施评价机制,根据各地实际情况,因地制宜,推动数字基础设施建设和产业发展。

加大金融支持,在推动数字基础设施建设的过程中,需要加强金融支持。首先,要充分发挥国家和省级政府投资基金的引导作用,通过国有资本的投入,为数字基础设施的发展提供资金保障。同时,也要鼓励社会资本参与数字基础设施的重点项目建设,共同推进这一领域的发展。另外,银行业金融机构也需要积极对接数字基础设施项目的需求,优化金融产品和服务方式,以满足项目的融资需求。最后,还需要积极争取中央预算内投资,进一步加大对数字基础设施建设的支持力度。通过这些举措,可以更好地促进数字基础设施的发展,推动经济社会的进步。

为了推动数字基础设施的健康发展,需要努力营造一个良好的环境。首先,要遵循鼓励创新、包容审慎的原则,放宽市场准入,创新监管方式,为数字基础设施的发展提供更加宽松的政策环境。其次,要紧密围绕数字基础设施的建设特点和发展需求，建立健全科技成果转移转化服务体系和知识产权快速协同保护机制，激发企业和个人的创新活力。同时，我们还要加强宣传引导，推动各级人民政府和各行业领域牢牢树立数字化发展理念，形成全社会共同支持和参与数字基础设施建设的良好氛围。

（二）重视数字人才队伍建设

人才是一个产业发展的重要支撑。在未来的文化竞争中，占领制高点，关键取决于拥有掌握和运作高新技术手段，整合文化资源和突破文化产业发展瓶颈的高素质人才。为此，可以采取如下措施，大力培养和引进高素质人才。

进行教育体系改革。安徽省可以在基础教育阶段增加信息技术课程，培养学生的兴趣。在高中阶段积极推广编程教育，为学生打下坚实的数字化基础。在高等教育方面，可以和省内高校合作，通过开设相关专业，如人工智能、大数据分析、云计算等，为安徽省培养数字化人才；同时加强职业技术教育培训，通过开设针对性的数字技能培训课程，如软件开发、网络安全等；通过校企合作模式，让学生在真实的工作环境中学习和成长，从而更好地适应市场需求，提高就业竞争力。

提供政策支持。出台相关政策，通过财政补贴、税收优惠、职称晋升便利等激励措施吸引和留住人才。鼓励数字化企业和高校、科研机构建立紧密的合作关系，共同开展科研项目和人才培养计划，让学生参与相关项目，提高学生的实践能力和科研能力。

加强国际交流合作。安徽省可以拓展国际合作渠道，与国外高校和研究机构开展广泛的交流与合作，引进国际先进的教育理念和教学资源，提高人才培养的国际化水平。同时选派人员出国研修，培养具有国际水准的专业人才。这不仅有助于提升安徽省数字化人才的全球视野和跨文化交流能力，还有助于推动安徽省数字经济的国际化发展。

加快数字教育平台建设。通过利用互联网技术，建立数字化教育平台，集中优质教育资源，提供在线学习和远程教育服务，打破地域和时间限制，使更多人能随时随地享受高质量教育资源。这不仅促进了教育公平，也为培养更多具备数字化技能的优秀人才奠定了坚实基础。

综上所述，通过以上措施，安徽省可以打造一个具备创新精神和实践能力的高水平数字化人才队伍，为推动安徽省乃至全国数字经济的持续发展提供强有力的人才保障。

（三）加快数字平台建设

在当今时代，短视频平台已成为宣传的利器，其快速传播的特性和精准的用户定位功能对于宣传工作而言极具价值。对于安徽省而言，想要扩大文化品牌的影响力和推动数字化文化品牌的构建进程，充分利用网络平台的力量显得尤为关键。通过短视频等新媒体渠道，安徽省可以向广泛的受众传递其丰富多彩的文化内涵，从而推动文化品牌的发展和传播。因此，构建一个适用于安徽的数字平台就显得极为重要。

第一，整合全功能平台建设。目前安徽各个地方拥有的平台都是由地方单位自行研发，除了功能单一，还存在不适配、卡顿等问题，给用户带来不好的体验，为了更有效地利用资源并为用户提供卓越的服务体验，我们可以考虑开发一个集多种线上功能于一体的数字化平台。这个平台将整合安徽各地的基本信息查询、活动预告、在线预约与购票、智能推荐以及虚拟体验等功能。公众在移动终端上仅需下载一个应用程序，便能轻松满足多元化的需求。通过这样的全功能平台建设，我们不仅能够削减开发和维护多个单一应用程序的成本，还能集中优势资源，打造一个自主、可控、高效的服务平台，进一步推动安徽省文化品牌数字化进程，同时也为安徽省的经济发展注入新的活力。

第二，加强调研，提升数字化体验。在推进数字平台的建设过程中，应对目标用户群体进行细致的市场调研。通过调查了解公众偏好的数字设备和受欢迎的数字化服务项目，深入剖析其背后的原因。基于调研结果，对平台功能和服务进行针对性的优化，确保数字服务更加贴合用户实际需求，以提升用户的数字化体验。

第三，线上与线下相结合，线上通过大数据分析，精准定位目标用户群体，提供个性化的内容推荐和服务。建立健全的用户反馈机制，及时了解用户需求和意见，持续优化平台功能和用户体验。加强社区建设，鼓励用户之间的互动和交流，形成良好的文化氛围和口碑传播效应。线下积极寻求与国内外知名文化机构、企业的合作机会，共同打造高品质的数字化文化产品。通过参加国际文化交流活动、举办联合展览等方式，提升安徽文化品牌的国际知名度和影响力。开展线下推广活动，如文化讲座、艺术沙龙等，提高用户对品牌的认知度和忠诚度。

第四，内容创新与技术融合，利用先进的数字技术，如增强现实（AR）、虚拟现实（VR）、人工智能（AI）等，创造沉浸式的文化体验内容。结合安徽的历史文化、自然风光和民俗风情，开发具有地方特色的数字化文化产品，如虚拟博物馆、文化遗址重现、互动式故事书等。引入 AI 创作工具，鼓励用户参与内容创作，形成 UGC（用户生成内容）与 PGC（专业生成内容）的良性互动。定期举办线上文化节、艺术展览等活动，通过直播、短视频等形式吸引更多用户关注和参与。

安徽省想要推动数字化文化品牌建设，就离不开坚实的数字基础设施、专业的数字化人才以及高效的数字平台。数字基础设施是构建数字化文化品牌的基石，它确保了数据的快速流通和处理能力；数字化人才则是推动创新的核心力量，他们的专业知识是品牌发展的动力源泉；而数字平台则扮演着品牌传播和用户互动的重要角色，是连接品牌与消费者的桥梁。三者相辅相成，缺一不可，共同铸就安徽省数字化文化品牌的辉煌未来。

综上，数字化已经在安徽省的文化品牌构建中初步发挥了积极作用，然而在应用过程中还面临着许多挑战和问题，如数字化技术水平不高、数字基础设施不完善、数字化人才不足等，与其他先进省份相比存在差距，这些都是安徽省文化品牌数字化发展的阻碍。未来安徽省还需要进一步加快数字基础设施建设，推进文化产业创新发展，加强文化科技创新和应用，推动文化产业融合发展，实现文化品牌的数字化转型。

第六章　安徽省非遗数字化保护与传承策略

非物质文化遗产是我们国家文明的一部分，保护非遗就是维护我们国家文明的完整性，从而加快我国文化强国的建设。近年来国家层面和安徽省都出台了多项政策法规，用以指导非物质文化遗产项目的保护与发展，国内对非物质文化遗产的关注度也在持续上升。当下我国的文化生态发生着巨大的改变，传统的非遗保护与传承方式已不能满足现代人们的文化需求，迫切需要寻求新的发展契机。数字技术以其独特的优点，成为保护与传承非物质文化遗产的重要方式。目前学界对于安徽省非遗的保护与传承研究大多从政府、企业、社会等传统角度出发，结合时代特点探究数字技术对非遗保护与传承的研究较少，也未能深入探究如何解决数字技术在促进非遗保护与传承中存在的弊端。鉴于此，本章将重点探讨数字技术对安徽省非遗的保护与传承，并根据非遗数字化保护进程中出现的问题提出针对性的对策，以此促进非物质文化遗产的可持续性保护与发展。

一、安徽省非物质文化遗产的现状

（一）安徽省非物质文化遗产的概况

1. 非物质文化遗产的定义

非物质文化遗产是指各种以非物质形态存在的由民间创造、历史积淀而成、处在消失边缘、与群众生活密切相关、世代相承的传统文化表现形式。根据联合国教科文组织的《保护非物质文化遗产公约》定义，"非物质文化遗产"是指被各社区、群体，有时是个人，视为其文化遗产组成部分的各种社会实践、观念表达、表现形式、知识、技能及相关的工具、实物、手工艺品和文化场所。

2. 安徽省非物质文化遗产的总体情况

国务院分别于2006、2008、2011、2014和2021年公布了五批国家级非物质文化遗产代表性项目名录（以下简称"国家级项目"），共有1 557个大项、3 610个子项。安徽省入选国家级项目有72个大项、99个子项，且项目类型齐全，其中传统技艺类与传统戏剧类非遗项目并列第一，为25项。另外，宣纸制作技艺和传统木结构营造技艺已入选联合国教科文组织的《人类非物质文化遗产代表作名录》。安徽省人民政府分别于2006、2008、2010、2014、2017和2022年公布了六批省级非遗代表性项目名录（以下简称"省级项目"），合计606项。在类型分布上，安徽省的非遗项目主要集中于传统技艺类；而民俗、传统戏剧、传统舞蹈、传统美术的占比较为接近；传统医药、民间文学、传统音乐、传统体育以及杂技等类别的非遗所占总数的比例较少。由此可见，技艺类非遗在安徽省的十类非遗中占据相当重要的位置。

3. 安徽省非物质文化遗产的分布状况

要想了解安徽省非遗的数量分布状况，首先要了解安徽各市的非遗数量和地域情况。截至2022年，安徽省共计有国家级非物质文化遗产99个，省级非物质文化遗产606个，在16个地级市单位都有非遗分布，但各市的非遗数量和分布密度都有所差异。国家级非遗项目数排在前三的分别是黄山市、安庆市、阜阳市与宿州市（其中安庆市与阜阳市并列第二），省级非遗项目数排名前三的分别是黄山市、宣城市和合肥市，国家级和省级非遗项目总数排名前三的分别是黄山市、宣城市、合肥市和阜阳市（其中合肥市和阜阳市并列第三）。

黄山市的非遗数量最多，其国家级非遗项目及省级非遗项目的数量均为全省16个地级市之首，共有114项，占比为17.87%。其中，国家级非遗项目24项，占总数的24.24%；省级项目78项，占总数的13.20%。宣城、安庆、合肥、阜阳、亳州和宿州6市，占比为6.58%～11.29%；池州、淮南、六安和芜湖4市，占比为4.39%～4.86%；滁州、马鞍山和蚌埠3市，占比为3.76%～4.06%；最后是淮北和铜陵两市，其非遗项目的数量最少，占比仅为2.04%和1.25%。目前，铜陵市在国家级非遗项目上还处于空缺状态。由此可见，无论是国家级非物质文化遗产还是省级非物质文化遗产的项目数量，安徽省各市之间都存在一定的差异。

在分布密度方面，安徽省非物质文化遗产总体呈现出北少南多的局面，形成一个核心、两个区域、一条聚集带的分布格局。以黄山市、宣城市西部为中心的古徽州地区，形成一个非物质文化遗产十分密集的核心区，说明非遗的数量与文化的发展密切相关。另外，非遗分布密度也会受到地域等自然因素的影响。滁州市、六安市虽然非遗数量较多，但是其地域较为辽阔，因而成为非遗密度分布最小的区域。同时，淮南市虽然非遗项目较少，但其地域相对狭窄，因此其非遗分布密度较高。总而言之，非遗分布的密度不仅取决于非遗数量的多少，还与地域的空间大小有关。

（二）安徽省非遗的保护与传承现状

1. 建立了较为完备的非遗保护法律法规体系

自新中国成立以后，我国颁布实施了一系列有关非遗保护与传承的法律法规，如《中华人民共和国非物质文化遗产法》（简称《非遗法》）和《中华人民共和国知识产权法》，明确了非遗文化的保护范围、保护主体、保护措施等。特别是《非遗法》的提出，明确了"一个目标"，强调了"两大原则"，还将中国文化遗产保护从物质文化遗产拓展到非物质文化遗产，即从对物的保护上升到对人的保护，从对物件的保护过渡到对物件制作技艺的保护，可见其颁布的意义之重大。这十多年来，在法治保障下，非物质文化遗产的保护与传承工作蓬勃发展。安徽省积极响应国家号召，也陆续制定并发布了《安徽省非物质文化遗产条例》《安徽省非物质文化遗产保护资金管理办法》《安徽省省级非物质文化遗产代表性传承人认定与管理办法》。[1] 在国家和安徽省法律法规的指引下，安徽省的非遗保护工作取得了一些实效。比如，安徽古村落非遗的保护与传承研究就得益于这些法律法规的颁布和实施。2014年10月，

---

[1] 方胜、张佳齐、孙丹丹：《安徽省技艺类非物质文化遗产的保护与传承》，《安徽理工大学学报（社会科学版）》2022年第4期。

安徽省颁布的《安徽省非物质文化遗产条例》中，选择具有代表性的古村落非遗项目率先进行数字化保护，为之后古村落非遗项目的数字化保护与传承奠定了坚实的法律基础。

2. 构建了较为完善的非遗保护制度

我国构建了较为完善的非遗保护制度，为非遗的发展与传承提供了制度保障。首先，了解非遗的数量和类型是做好非遗保护工作的前提。自2005年6月至2009年11月，我国进行了第一次全面性的非遗普查，全国各地将普查与申报相结合，初步摸清了"家底"。2021年，为贯彻落实国家"十四五"文化改革发展规划，建设社会主义文化强国，文化和旅游部发布《"十四五"文化和旅游发展规划》，提出启动第二次全国非遗资源普查后，安徽各地陆续开展了区域性非遗普查。其次，安徽已全面建立国家、省、市、县四级非遗名录保护体系。到目前为止，安徽省已认定省级非遗项目606项，申报成功国家级项目99项。四级保护制度在保护与传承非物质文化遗产中起到责任认定、处理有序的重要作用。再次，安徽省建立了代表性传承人认定制度。尽管数字技术快速发展，但非遗的活态传承依旧离不开非遗传承人。非遗传承人在保护与传承非物质文化遗产时，与公众进行的亲密互动是数字技术所无法替代的。尽管数字技术能够让公众感觉到身临其境，但非遗传承人更容易给非物质文化遗产注入情感，从而增强人与人、人与物之间的亲近感。截至2024年，安徽省共认定119位国家级非遗代表性传承人和792位省级非遗代表性传承人。最后，安徽省还建立了分类保护制度。根据不同非遗的项目特征、生存状况、传播途径等属性，制定了抢救性保护、整体性保护和生产性保护三类非遗保护方式，从而制定多样化的保护方案，更有针对性地对非遗进行保存与传承。各种非遗保护制度多管齐下，共同促进我国非物质文化遗产的保护与传承。

3. 形成了公众参与非遗保护与传承的社会风气

自党的十八大以来，全党全国高度重视文化自信，习近平总书记曾在多个场合明确坚定文化自信的重要性，强调"有文化自信的民族，才能立得住、站得稳、行得远"，为推动文化繁荣、建设文化强国指明方向。而非遗作为我们国家文明的一部分，积极宣传与保护非遗是文化自信的充分体现，传承保护非遗就是维护我们国家文明的完整性。保护国家文明的完整性、促进祖国的文化繁荣是每个中国人义不容辞的责任。非遗传承人则更是处在担当责任的首位，他们对非遗的理论和实践不断进行探索，在寻求非遗能更好发展的道路上不断履行自己的职责。除了非遗传承人有责任对非遗进行保护与传承，社会上越来越多的人都意识到了文化保护的重要性，一些民间组织和个人都积极参与到非遗的保护与传承工作中来，在社会上形成了保护非遗的良好风气。其中，在学术界，学者们积极开展非遗保护的理论研究和实践探索；一些民间机构也对非遗保护与传承进行研究和宣传；越来越多的个人也参与到非遗的保护和宣传工作中，比如部分自媒体博主利用短视频对非遗进行宣传，通过介绍各地的多种非遗情况，增加非遗的曝光度，他们在传承非遗的过程中也更多地吸引了其他社会公众主动地参与非遗的保护与传承工作。

二、数字技术对安徽省非物质文化遗产的影响

（一）安徽省非物质文化遗产的数字化应用

1. 数字技术促进非遗保护与传承的优势

非遗的保护与传承的传统方式，基本都是靠口头相传。这样一来，很可能导致非遗传承出现"人消艺息"的困境。这样的传承方式，会造成部分非遗传承中断，从而加剧了非遗保护与传承的困难。但是随着一系列新技术的不断涌现，非遗的保护与传承获得了新的机遇。例如，VR技术的推广、数字设备的普及、5G技术的大规模应用等，都有助于非遗的保护与传承。利用计算机多媒体、数据库等技术手段，将非遗的形态信息转化为数字化、电子化的光盘数据和网络信息，以便于生成多媒体数据库，快捷高效地调取使用，从而有利于非遗的长期保护和利用。总而言之，非遗数字化是指以数据采集、存储、传播、处理和应用为基础，在非遗的保护、传播和传承等环节充分结合数字技术，实现非遗＋数字化，促进非遗的数字化保护，以实现非遗的可持续发展。[1]

---

[1] 姚国章、周敏：《非物质文化遗产数字化及其发展历程探索》，《经济研究导刊》，2021年第28期。

立体扫描、三维建模、全息拍摄等都是运用数字技术的现代化保护方式。这种新兴的数字技术为非遗资源的记录、收集与保存提供了极大的便利。[1] 这些数字技术的不断问世，使得公众可以与非遗进行交流互动，使公众从传统的信息的"接受者"转变为信息传播的"参与者"，使人与人、人与物、物与物之间形成更深入的联系。公众在与其交往互动的过程中，对非遗有更深刻的理解，利于扫除非遗保护与传承道路中的困难。例如，VR技术可以使人们身临其境地体验到非遗是如何形成的，从而能够让大众更深入地感受到非遗的魅力，加入非遗的保护与传承。由此可见，数字技术在促进非遗的保护与传承过程中起着无可替代的作用。

2. 安徽省非遗的数字化保护进程

如今，数字化已是大势所趋，越来越多的行业积极探索与数字化结合的道路，以此来实现自身的可持续发展。例如，数字化政府、数字化医院、数字化博物馆、数字化学校、数字化教育等。非物质文化遗产与数字化相结合，也会促进其长远发展。国务院办公厅在2005年的《关于加强我国非物质文化遗产保护工作的意见》中提出，要充分利用各式各样的数字技术形态对非物质文化遗产进行保护与传承。2010年10月，文化部启动"中国非物质文化遗产数字化保护工程"。安徽省积极响应号召，于2011年完成了安徽徽派传统民居营造技艺等多个试点项目的数字化采集。2016年5月16日，由文化部和教育部主办、中国科学技术大学承办的"非遗进科大——首届中国手工纸传承人群研修班"在合肥市中国科学技术大学先进技术研究院开班，来自安徽、浙江、江西等8个省市的20名学员进行为期一个月的研修学习。其中涉及宣纸制作技艺等12个国家级非遗项目，并将有些非遗技艺与旅游业、文化创意产业深度融合，开发相关的文创产品。[2] 这些举措都深刻阐释了科学技术的重要性以及数字技术是非遗保护与传承的重要手段。

就安徽省寿州窑非遗而言，其数字化保护还处在起始阶段，并没有许多

---

[1] 杨洋、唐萍珊、袁淋：《基于数字技术的非遗保护与传承现状研析》，《海峡科技与产业》，2022年第6期。

[2] 唐杰晓、曹烨君：《论安徽古村落非物质文化遗产"数字化"保护与开发》，《合肥师范学院学报》，2020年第4期。

的成功经验。在理论层面，周光云对寿州窑陶瓷制作技艺的数字化保护进行研究；倪龙娇对寿州窑的社会变迁及其当代价值进行研究；程嘉雯、高峰等人对寿州窑制作技艺的生产性保护传承进行研究等，他们都对寿州窑非遗进行了一定的理论研究。这些文献对于寿州窑"非遗"数字化保护的研究都有一定的参考作用，但是现阶段寿州窑仍然缺乏有针对性的数字化保护与传承研究。在实践层面，缺乏寿州窑主题的官方网站、数字博物馆、数据库等。淮南市博物馆是寿州窑瓷器的重要研究阵地，有隋唐寿州窑瓷器标本上万件。即使淮南市博物馆拥有的寿州窑资源非常丰富，但是与寿州窑非遗数字化资源成果也不成比例。在馆内使用了一些多媒体触摸屏幕、多媒体讲解设备、投影大屏幕等，形式与功能较为单一。[1]但可以将其视为寿州窑非遗数字化保护的雏形，后续的数字化保护工作可在此基础上开展。

由此可见，安徽省非遗数字化应用基本处于起步阶段，数字化手段相对简单和枯燥，对大众的吸引度较低，但是随着新兴技术的不断推广普及、数字技术人才的不断引进等，安徽省非遗的数字化应用前景依旧可观。

（二）安徽省非遗数字化进程中存在的问题

1. 政府主导工作贯彻不到位

安徽省非遗文化保护的主要职能部门是安徽省非物质文化遗产保护中心，该中心成立于2011年。2014年，安徽颁布的《安徽省非物质文化遗产条例》中明确提出非物质文化遗产工作应坚持政府主导、部门负责、社会参与的原则。但"政府主导"并不是指"包办"非遗数字化保护的各项工作。安徽省的非遗保护工作主要是由博物馆、文化馆等文化宣传机构负责，运行机制较为死板，与现下活跃的文化生态环境不相符。位于安徽省附近的江西省，已经成立了非遗数字化中心，并有专门的机构人员负责运行。反观安徽，缺乏一些非物质文化遗产数字化保护、开发的专门机构，难以适应数字化条件下的高效联动合作要求，并且缺少对应省级部门的协调管理，大大降低了安徽省部分非遗的数字化建设效率。而政府作为非物质文化遗产保护的主导角色，制定非

---

[1] 姚远、褚力：《非物质文化遗产数字化保护中的问题及对策——以寿州窑为例》，《安徽理工大学学报（社会科学版）》，2018年第6期。

遗保护相关政策却未给出相应的支持力度，出现中断资金投入以及缺少专业指导等问题。非遗数字化保护必然少不了资金投入，而大部分非遗都很难适应当今的市场需求，一些技艺类非遗更是难有经济收益，短期内非遗的数字化保护难以营利。因此，现阶段大部分非遗的数字化保护资金基本依赖于政府"自上而下"的拨款，一旦资金不足将会直接影响非遗数字化保护工作的进行。在政府的大力支持下，邀请或聘请数字化专业人才将会加快非遗数字化保护与传承的工作进度，达到事半功倍的效果，但往往会出现非遗保护单位受到的专业指导不到位的情况，从而阻碍非遗的数字化进程。

2. 知识产权法规不够完善

数字化时代，版权保护变得尤为重要。要想非遗的数字化保护能行之有效，离不开法律法规来界定非遗的知识产权归属。然而这方面法律法规并不够规范和完善，存在诸多争议和"灰色地带"，目前主要通过《中华人民共和国物权法》和《中华人民共和国非物质文化遗产保护法》对非遗的知识产权进行保护。近些年，非物质文化遗产的数字化受到越来越多的关注。许多学者也为此提出一些新的非遗产权保护和物权法建议，但仍然无法全方位涵盖非遗的知识产权保护，所以非物质文化遗产的数字化保护必然也会引起新的产权问题。比如，中国文艺类"非遗"维权第一案——"安顺地戏"状告《千里走单骑》侵犯署名权问题，就是"非遗"知识产权保护不完善带来问题的典型案例。尤其是在数字化时代，版权保护不完善将导致非物质文化遗产数字化保护受阻。例如，由于安徽省寿州窑非物质文化遗产数字化资源的保护政策缺失，后续非物质文化遗产的网络资源将成为版权保护领域的突出问题。

3. 缺少数字技术设备和数字化技术人才

目前，安徽省非物质文化遗产的数字保护技术还处在起步阶段，在数字化过程中难免会出现技术问题。数字技术设备配备不到位，相关人员的数字化技能培训不充分。非遗数字化保护与传承过程中缺乏相应的数字化操作人员，导致收集、整理非遗数字化资料不充分，数据库的建设不够权威和完整。并且数据库的建设工作并非一劳永逸，在进入数字化管理状态后，需要长期不断地对数据库进行运行维护和后续更新，目前这一持续不断的保护工作主要依靠外部的企业和数据中心的援助。

以安徽省古村落非物质文化遗产为例,随着数字化工作的推进,工作人员的技术处理不到位将会影响非遗资源数据的采集和整理。并且资金不足也会导致技术设备的缺乏,仅仅依靠形式单一的文字、图片很难表现出非遗的文化内核和时代特性。缺少先进的数字化设备,将很大程度上减少安徽省古村落非物质文化遗产数字化保护成效,阻碍后续的开发和利用进程。

4. 数字化进程中缺乏对社会效益、经济效益的思考

因为非物质文化遗产主要是依靠人们的自觉意识来进行保护和传承的,"商业化"似乎是对它的一种贬低,所以大多数的非遗都很少被商业化。同时,大部分人都认为对非物质文化遗产的保护是一种资源的消耗,并不会产生经济效益,也不期待会产生经济效益,所以将其"束之高阁"。这无疑是一种有益资源的浪费,我们未能充分提取非遗当中有价值的文化内涵,并与人们的现代生活进行融合,从而生成满足现代人需求的文化产品和服务。

就安徽省目前的非遗保护状况来看,并未有非物质文化遗产的数字化保护项目取得明显的经济收益。在安徽省内,一位从事寿州窑制作多年的艺人认为寿州窑若作为商品进行大规模的生产,并没有实际的意义;若作为工艺品,又难以获得艺术界的认可,很难被艺术市场看好。因此,寿州窑"非遗"若想取得经济收益是一件非常难的事情。

除了寿州窑非遗,安徽省的宣纸制作技艺也面临相同的困境。传统的宣纸制作技艺复杂,工艺烦琐,耗费的时间较长,生产效率的低下也难以适应现今变化多端的市场需求。它的具体生产操作多达 100 多个步骤,从生产制作到面向消费者的周期较长且价格较高。然而绝大多数的消费者并不需要如此高质量的纸产品,也无法长期承受它的价格,因此宣纸仅面向一小部分受众,大部分人都对宣纸的文化底蕴、制作工序等知之甚少。[1]

在数字化进程中,除了缺少对非物质文化遗产经济收益的思考,还缺乏对其社会效益的思考。非物质文化遗产是我们国家文明的一部分,而安徽省

---

[1] 郭延龙、郑晶晶:《安徽省宣纸制作技艺传承与发展问题探讨》,《兴义民族师范学院学报》,2022 年第 1 期。

非遗又是安徽省地方文化的代表，能够增强人们的认同感和归属感，因此它有着发挥社会效益的深厚潜能。事实上，数字技术是一把"双刃剑"，我们在重视技术升级的同时，可能出现"炫技"现象，只限于非物质文化遗产的表面传播，忽略对其文化内核的深入挖掘。在对非遗内容的处理过程中，若过度依赖数字技术，可能使我们丢失对非遗保护与传承的初心和决心，并且也会失去对不同文化内涵的感知能力。但是，恰恰是其中的文化内涵才能充分发挥社会效益，起到启迪公众和传递文明的作用。若将全部精力置于提高数字技术设备水平，将会使技术的升级与文化内涵的传播本末倒置。

三、安徽省非物质文化遗产的数字化保护与传承

（一）发挥政府主导作用

安徽省非物质文化遗产的数字化保护，既要政府发挥好统领作用，又要其他各方的积极参与。数字化保护所涉及的内容众多，包括文化、信息、档案、科技以及文物等多个部门，这些部门之间的协调合作必定离不开政府的统一调度。此外，政府还要协调好非遗传承人、投资者和地方之间的利益，积极调动各方参与非物质文化遗产保护与传承的积极性。

为了避免部门机制内部的僵硬化管理，安徽省政府需要成立专门的非遗数字化保护中心，并安排专门的机构人员进行运行维护与后续更新。此外，政府也应该加快非物质文化遗产数字服务平台的构建，为非遗的数字化保护与传承注入活力并提升其作用。资金的投入在非物质文化遗产的数字化保护过程中是至关重要的。目前，这一资金来源主要依靠政府，因此政府在现阶段要满足非遗数字化保护的资金需求，避免让非遗数字化保护因资金短缺陷入停滞不前的境地。比如，寿州窑在全国有一定知名度，也是安徽省著名的陶瓷文化遗产，但是在数字化日益成为非物质文化遗产保护热点的当下，也未见官方对寿州窑"非遗"项目的数字化保护有大的投入。因此，政府的支持力度要跟上社会各方的需求。

（二）完善知识产权法规

首先，推进国家层面非物质文化遗产数字化保护法律法规的建设。现有

的法律未能满足数字化时代的非遗保护需要。并且它属于行政性法律，更加侧重于公权保护，与非遗数字化保护的性质不匹配，无法解决非物质文化遗产在数字化进程中面临的特殊问题。因此，要与时俱进地推出更适合非遗数字化产权保护的法规、政策。

其次，可通过地方性立法进行保护。如江苏省《关于进一步加强非物质文化遗产保护工作的实施意见》《山东省传统工艺美术保护办法》等，都加强了对当地非物质文化遗产的保护与保存工作。安徽省在2014年颁布了《安徽省非物质文化遗产条例》，虽然该条例在非遗数字化保护方面的内容还有待完善，但对本省的非遗保护起着一定的积极作用。

最后，针对非遗数字化保护过程中可能出现的利益纠纷，提出专业性的解决策略。在非遗的保护工作中，离不开非遗传承人的努力。但是数字技术的利用，会让传承人产生顾虑。针对这一现象，有关人员要与非遗传承人提前进行沟通，宣传普及数字化保护的重要性和必要性，并承诺解决他们顾虑的问题，坚持尊重和求真的原则，不会做有损非物质文化遗产形象和利益的事情。非遗传承人在与官方人员进行合作之前，可以通过签订合同的方式达到双方满意的效果，也暂时性地解决了法律不够完善的问题。

（三）提升工作人员的数字化技能

首先，加快数字化人才团队的建设。帮助机构工作人员学习非物质文化遗产数字化的相关知识，提高数字化信息的收集、保存、管理能力，以及系统的数据维护和后续的更新等工作技能。定期组织工作人员进行数字化技术培训，培养工作人员"活到老，学到老"的精神，更新自身的数字化知识和数字化设备操作、设计的能力。由于非物质文化遗产的发展本身存在多种变化的可能，其数量的增加以及研究的深入都会使数据库的信息随之改变。因此，提升数字化人才团队建设水平，有利于提高非遗数字化资源的质量和数据库信息的权威性和时效性。

其次，更新升级数字技术设备。升级设备除了靠资金的投入，还要靠技术的研发。通过与相关的企业、科研机构、高校等进行合作，可以对非遗数字化进行理论研究以及开发非遗数字化设备，从而加快数字技术的升级。鼓励高校和职业院校开设非遗数字化的有关课程，培养非遗数字化技术人才，更加深入地研发数字化技术，为非物质文化遗产数字化保护与开发提供人才支持和设备技术来源。

（四）推动非遗资源的创造性转化

随着人们物质生活水平的提高，大众越来越追求精神世界的丰富。非物质文化遗产恰好可以提供这种精神来源。非物质文化遗产的传统保护方式难以提高其社会效益和经济效益，数字技术可以为非遗保护提供不竭的动力和技术支撑，并提高非物质文化遗产的社会效益和经济效益，获得非遗资源的可持续性效益。非遗的数字化保护可以产生巨大的经济效益，它能促使传统的非遗变得创新化、产业化，从而适应现代市场的强大竞争。利用数字技术这种新形式去探索非遗数字化保护与开发的新模式，有助于非物质文化遗产的图像、音频、视频、虚拟场景动画等数据库资源的建立，极大地促进了文化创意产业的发展，从而助推非遗经济效益的提高。

若想更好地发挥非物质文化遗产的社会效益，就要加强非遗数字化传承中的文化关照。数字技术可以打破传统保护思维和方式的局限性，利用数字技术对文化遗产进行保护和传承，将保护的对象从有形的物质文化遗产拓宽到非物质文化遗产，这样才能保证文明传承的全面性和完整性。只有坚持对非物质文化遗产的文化底蕴进行挖掘和保护，才能有效地发掘出非遗的文化特性。如此一来，才是对非遗资源的创造性转化和创新性发展，是更好地发挥社会效益的体现。

非物质文化遗产的数字化保存，创新了非遗的衍生品，使其外部形象和内涵文化都满足当代人们的现实需求。非遗的数字化保存，不仅突出了其原始特征，更是利用人们喜闻乐见的方式宣传它的魅力，更有活力地进行非遗的保护。这样一来，非遗数字化保护得以实现其经济效益和社会效益的统一。

综上，通过分析安徽省非物质文化遗产的现状以及具体案例，发现非遗数字化保护和传承方面存在的问题，包括政府主导工作贯彻不到位、法律制度不够完善、缺少数字技术设备和数字化技术人才、数字化进程中缺乏对社会效益、经济效益的思考等。再根据这些问题，提出相应的对策，能够更好地发挥非物质文化遗产丰富社会生活、促进文化事业发展、促进社会经济发展等优势，促进非物质文化遗产的长久保存和长远发展。

第七章　安徽省演艺产业数字化高质量发展策略

演艺行业，是以演艺作品的创作、表演、销售和消费所构成的产业体系，涉及电影、电视、歌唱、实景演出、交响乐、歌剧、芭蕾、现代舞蹈、音乐剧、民族戏剧、民间歌舞、杂技、曲艺、皮影等。[1] 安徽省演艺产业发展较快，已经形成了比较成熟的体系，包括戏曲、音乐、舞蹈、戏剧、影视等多个领域。其中黄梅戏、徽剧、豫剧、越剧等传统戏曲类型深受观众喜欢，而民间艺术方面如花鼓戏、秧歌舞、竹马、龙舞等也有着较高的人气。伴随着数字技术的进步，再加上国家政策的支持以及社会媒体平台的参与，安徽省的演艺行业一直在探索着数字化的发展之路，数字演艺产业发展迎来新机遇，成为安徽省文化产业高质量发展新的增长点。

一、安徽省演艺产业发展的基本情况

（一）安徽省演艺产业现状

安徽省拥有丰富的文化资源和优秀的文艺团体，演艺产业的发展也较为活跃。

近年来，安徽省的演艺市场规模不断扩大，演出形式也逐渐多样化，包括舞台剧、音乐会、话剧、戏曲、相声、魔术等多种形式，为观众带来了更加精彩的文化娱乐体验。同时，一些重要的演艺活动也在安徽省举办，如安

---

[1] 薛诗怡、张婧：《演艺产业统计困境及对策》，《上海艺术评论》，2020年第5期。

徽省艺术节等，为业内人士提供了一个展示自身的平台。

安徽省演艺产业规模不断壮大。安徽省演艺产业蓬勃发展，以合肥、黄山为代表的城市演出市场较为活跃，形成了较有特色的演出品牌；以黄山为代表的皖南旅游市场日益红火，形成了较大规模的演出市场。

截至2022年底，安徽省共有演出经纪机构379家，从业人员近3万人；各类演艺场馆617个，其中剧场565个，剧院28个；各类演出剧目757台，其中歌舞类剧目628台，戏剧类剧目139台，杂技及魔术类剧目45台；剧场中具备一定规模的演出场所有327个，其中剧场314个。

安徽省的演艺产业结构持续优化。安徽省演艺产业以歌舞演出为主要类型，占比达90%以上；以戏剧和杂技等为主要内容的其他类型占10%左右；演出场馆以剧场为主，占比达88%以上。2022年，安徽省演艺产业演出场次共18.6万场，比上年增长10.7%；观众人次共5090万人次，比上年增长10.8%；实现营业收入204.2亿元，比上年增长15.1%。

安徽省演艺产业品牌效应不断凸显。安徽省演艺产业坚持"引进来"和"走出去"相结合的原则，以徽剧、黄梅戏等地方特色文化为依托，举办了一系列形式多样、内容丰富的品牌演出活动。

2022年底，安徽省共有演艺企业337家，从业人员超过3万人；演艺场馆347个；剧场演出场次达8万场；剧院、剧场演出场次达1万场以上的有5家；剧场年演出场次达5万场以上的有22家。

安徽省文化厅还推出了鼓励民营文艺表演团体发展的"3311"计划，即用3年时间，壮大安徽省阜阳临泉杂技、宿州埇桥马戏、安庆黄梅戏三大特色民营演艺产业，重点扶持100个民营文艺表演团体，培训1000名民营文艺表演团体骨干，使民营文艺表演团体发展迈上一个新台阶。在扶持民营剧团的计划中，安徽省文化厅实行了一系列的措施。如安徽省文化厅会同阜阳市人民政府，在安徽省民营剧团大县——临泉县举办首届安徽省（临泉）民间杂技艺术节，扩大临泉杂技在全国的影响，把临泉打造成为国家级民间杂技之乡。重点扶持壮大宿州市埇桥马戏演艺产业，在中国马戏之乡——宿州市埇桥区举办中国·埇桥第三届国际马戏节，开展民营马戏团的展演活动，创新马戏文化，提升马戏之乡的含金量。扶持壮大安庆黄梅戏演艺产业,在黄梅戏的发源地安庆市举办全省民营黄梅戏剧团会演。[1]

安徽省积极推动演艺产业的发展,并出台了一系列支持政策,包括优惠税收、场馆建设和演出场次的扶持等,在一定程度上促进了演艺产业的健康发展。同时,一些地方还加大了对演艺产业的培训和人才引进力度,为产业提供了更加优质的人才资源。安徽省的演艺产业具有较高的艺术水平和市场竞争力,未来还有较大的发展潜力。

新冠疫情的发生给全球范围内的演艺产业带来了巨大的冲击和挑战。在疫情期间,大型聚集性演出、展览、展示等文化活动被暂停或延迟,导致演艺产业的发展出现了明显的滞后态势。在这种情况下,演艺产业开始向数字化、线上化方向转变,通过网络和移动互联网技术来开展在线演出、线上艺术展览,以及虚拟现实演艺等形式,以更好地适应疫情期间的需要。[2]

2022年6月,抖音直播联合中国文促会戏曲文化专业委员会,邀请12家院团演出机构,推出"大戏看北京 云端演出周"活动,种类覆盖京剧、昆曲、黄梅戏、越剧、曲剧、评剧等剧种,仅端午小长假期间,就累计吸引了超过4 653万人次观看。[3]这种新的表演形式,将会更加吸引观众。更多的人对传统戏剧有了更多的了解,这给传统戏剧的传承带来了新的生机,同时也大大丰富了网络受众的精神生活,促进了高雅艺术的发展。此外,安徽省拥有众多的演艺团体、演出场所和专业演员,在数字演艺市场上也取得了较好的成绩,为安徽省的文化产业发展作出了积极贡献。

(二)数字技术对安徽省演艺产业的影响

数字技术的发展和普及,对演艺产业产生了深刻的影响。数字技术为演艺产业带来了许多新的工具、平台和商业模式,使得演艺形态、内容创作和营销方式都发生了重大的变革。例如,数字技术使得影视、音乐等领域的内容制作更加智能化、数字化,提高了内容制作的效率和质量。数字技术还促

---

[1] 胡敏、洪敬谱:《安徽打造特色民营演艺产业》,《中国消费者报》,2009年8月12日。

[2] 王一鸣:《新型冠状肺炎对中国演艺产业的影响探究》,《重庆邮电大学学报(社会科学版)》,2021年第2期。

[3] 毕秋灵:《演艺产业的数字化发展路径》,《文化产业》,2022年第21期。

进了全球范围内各领域的文化交流和合作，并且为演艺产业提供了全新的商业模式和营销渠道，例如网络直播、数字音乐、虚拟现实演出等。

数字技术还带动了演艺产业的娱乐化和互动化。数字技术让观众参与演出的互动性和娱乐性大大提高，例如虚拟演出和游戏化体验成为时下的热门趋势。数字技术的应用推动了演艺产业的数字化、智能化和互联网化，使其更加适应当今互联网时代的需求和发展，从而在未来的发展中有更多的可能性和潜力。安徽省演艺产业在数字技术背景下呈现出新格局、新发展、新面貌。

数字化技术在演艺产业中起着催化剂的作用，可以提升演艺产业的产值、创造更多的商业机会和更好地满足观众需求。演艺产业与数字化技术结合，已经成为当下全球演艺产业发展的重要趋势。在演艺产业蓬勃发展的今天，数字化技术为演艺产业带来了全新的发展机遇与挑战。面对时代与科技的发展，演艺产业如何在这一趋势中占据一席之地？

具体来说，演艺产业与数字化技术相结合的部分影响如下。

提高演出质量：数字化技术可以为演出提供更加高质量的音效、灯光和视觉特效，提升整个演出质量。

拓展演出场地：数字化技术提供了虚拟场景，演出可以更加自由地进行，并将演出场地从传统的剧院、体育场馆扩展到更大范围。

拓宽观众群体：利用数字化技术，通过网络直播，演出可以让更多的观众观看，观众无须到现场。这样可以扩大演艺产业的观众群体，并增加收益。

提供新的商业机会：数字化技术为演艺产业提供了全新的商业机会，如在线音乐、电影、电视剧等数字内容，以及虚拟形式的演出活动，带来了新的商业模式和消费场景。

增强互动性：数字化技术可以让演艺作品和观众之间的互动变得更加密切，如通过社交平台和互动式演出等方式增加互动。这样不仅提升了观众的参与感和演出方的收益，也使得演员和观众之间的联系更紧密。

随着数字化技术的不断发展，人们逐渐意识到了数字化技术在演艺领域的重要性，因此开始与数字化技术相结合，开展多样化的演出活动，以满足不同观众的需求。演艺产业与数字化技术相结合的方式多种多样，如虚拟演出、增强现实演出、数字化表演等。通过这些技术手段，可以更加灵活地创作演出，呈现更为丰富的视觉效果，吸引更多的观众注意和参与。

同时，数字化技术也为演艺产业提供了更广泛的宣传和推广平台，包括社交媒体、在线视频等，使演艺产业和观众之间的联系更加密切和方便，同时也打破了地域限制，让演出活动不局限于特定的场所和时间。演艺产业与数字化技术结合，可以为演艺产业带来更多的商业机会，提升演出质量，扩大观众群体，增加营利能力，同时也为观众提供了更加多样化和高质量的演艺体验。

在线演出是一种数字化的文化产物。观众运用视觉、听觉以及其他感觉系统，去感受、去体会、去解读这种文化产物，提升自己的审美意识，扩大自己的审美视野，并进行积累。[1]在获得审美体验的过程中，达到了情绪表达和沟通的目的。要想实现数字化演艺产品在互联网环境中的社会化传播，需要将其与最新的VR、5G等技术结合，根据网络的传播特性打造真正的互联网文化产品。总之，演艺产业与数字化技术相结合，可以不断创新演出形式，提升观众体验，同时也促进演艺产业的发展和壮大。

在政策的推动下，文艺院团、演出经纪机构、演出经营场所的数字化转型速度越来越快，各个演出机构都在积极地开展线上展演活动，一些院团则是在自有平台的基础上构建了数字剧场。比如，国家大剧院的古典音乐频道、国家话剧院的5G智慧剧场等。还有一些院团选择了与其他网络直播平台进行合作，比如，抖音直播就已经启动了"DOU有好戏"，开通了面向专业院团、演员的付费演出、多个机位同时直播等服务。安徽省演艺集团融入新业态，创排的大型黄梅戏交响清唱剧《天上人间》，用全新的艺术样式重新演绎黄梅戏经典唱段。集团与澳门一家公司合作创排的"3D全息大型黄梅戏"《牛郎织女》，在国内首次将3D全息科技手段运用于中国传统戏曲舞台。

二、安徽省演艺产业存在的主要问题

（一）作品缺乏新颖性，质量不高

安徽省的传统戏曲以及民间艺术表演虽然具有浓郁的地方特色，但也存在着剧目单一、传承不足等问题，缺乏新颖性和创新性。安徽省所拥有的文

---

[1] 王立元：《安徽演艺集团：改革拓展出新市场》，《中国文化报》，2011年5月1日。

化资源以徽文化为主，而其他地域文化资源较为缺乏，这也限制了演艺产业的多元化。安徽省的文化创意产业发展相对滞后，在演艺产业中的应用和推广也相对不足。政府在支持演艺产业发展方面的政策还不够细化，缺乏预算投入，同时政策的执行情况也存在不规范、不严格的现象。另外，市场化程度不够，虽然中国演艺产业在商业化方面已经取得了一定的进展，但整体上仍存在市场化程度不够、市场规模有限等问题。监管问题难以解决，监管机构不到位，规范得不到完全贯彻。

目前，中国演艺产业在行业规范和标准化方面还有很大提升空间，例如演员、剧目等相关方面的准入标准和质量标准等。在电影、电视剧、综艺等领域中，存在不同程度的乱象，如缺乏创新、剽窃抄袭、审查门槛低等问题。创新和原创作品不足，虽然中国演艺产业在传统戏曲、歌舞等领域拥有丰富的文化内涵，但新作品的推广和发掘还相对不足，影响了产业的创新能力和发展潜力。商业化程度不够高，在对电影、电视剧等作品内容的创作中，有时为了迎合某些观众的口味而妥协，导致作品质量不佳。

（二）演员队伍亟待优化

人才培养和储备不足。中国演艺产业的人才培养和储备相对滞后，人才流动性较大，许多演员和艺术家难以从事长期稳定的艺术创作和演出。且培养人才机制不健全，缺乏系统完善的培养人才机制，一些有才能的演员得不到相应的机会。安徽省演艺产业的演员队伍中，虽然有优秀的演员和艺术家，但大部分还存在专业技能不足、表演水平有限等问题。演艺产业需要人才，而安徽省演艺产业在人才方面的储备相对不足，这也限制了演艺产业发展的速度和质量。安徽省演艺产业还缺少能够跨省甚至跨国经营的人才。同时，在表演场馆和艺术生产单位方面，他们也缺少经营和市场策划方面的人才。文化经纪和管理人才的缺乏已经成为制约我国文化艺术事业发展的一个"致命瓶颈"。

与此同时，因为中介行业尚未完全成熟，所以在全国各地市的表演业行业协会基本上还处于辅助政府进行行政管理的阶段，还没有充分发挥行业自律与规范发展表演业的功能，这就导致了表演市场的信息仍然封闭，表演场馆的经营范围大同小异。并且，由于缺少精准的市场定位，也没有形成明显的运营特点。

(三）演出基础设施不完善，版权保护不足

安徽省演出场所的设施还不够完善，缺乏市场化运营和商业化运作。首先，安徽省的演出场所在数量和规模上还无法满足市场需求，而且其中不少场所的设备和设施也存在一定的瓶颈。除华东地区外，安徽省其他地区的基础设施建设相对较差，这也限制了演艺产业的发展。在演艺市场方面，安徽省的演艺产业存在着市场分散、运营管理混乱等问题，缺乏相应的市场化运营和商业化运作。其次，对于演艺企业而言，营销手段是至关重要的，而安徽省目前的营销手段较为单一和落后。营销手段的缺乏影响了演艺产业的推广和发展。再次，中国演艺产业在版权保护方面仍存在一定的缺陷，版权保护意识淡薄，盗版侵权等问题时有发生，对行业的长期发展产生了很大的影响。知识产权保护不足，盗版行为层出不穷，侵害了艺人和公司的合法权益，对演艺产业的发展造成很大的阻碍。最后，演艺产业在与相关产业合作方面仍有很大的发展空间，演艺产业的融合与协同不够，例如文化创意产业、数字科技产业等。互动性和协同性不够，导致产业链条的融合不够顺畅。

（四）审查制度过于严格

安徽省在审查演艺节目方面的法规较为严格，这也制约了演艺产业的革新和创新。尽管目前我国的演艺事业已有一定的发展，但相对于国际上先进的演艺事业来说，仍有很大的不足。一个完善的演出市场制度，应该是一个由政府或专业协会组织和协调，由剧团、中介组织和演出场所组成的结构。但是，就当前的情况来看，由于体制的原因，这三个方面的融合还不够理想。从当前的形势来看，这三个方面的艺术创作都已经开始走向市场，但是还没有走上正轨。

（五）表演体系滞后

表演场地更多还是属于文娱或运动机构，在表演市场上，表演场地多采用租赁配置；国办文艺团体的体制改革比较滞后，因此在高雅精致和市场效益这两个方面达到平衡需要付出很大努力。虽然在线上演出和展览形式方面得到了极大发展，但还存在线上观看体验、版权保护和商业模式等问题。

新冠疫情期间，大型聚集性演出、展览等文化活动被暂停或延迟。演艺产

业的发展受到了很大限制，无法像以往一样开展大规模的演出和创作。活动和演出受限，许多音乐会、演唱会和电影首映等活动被推迟或者取消，演艺企业不得不进行业务转型，并探索一些新的商业模式，例如线上票务、数字化演出等，但转型过程中还需面临多个难题，例如利润空间缩小、旧有品牌面临风险等。

总的来说，虽然安徽省演艺产业取得了一定的成绩，但在发展过程中还存在着多个方面的不足，需要持续推进结构调整和创新发展，完善产业链、提升演员和剧目质量、拓展市场渠道和运营模式，以推动演艺产业的进一步发展和繁荣。

三、安徽省演艺产业数字化转型发展策略

（一）演艺产业数字化的优势

数字化技术可以帮助演艺公司更高效地管理和处理业务，例如进行节目预定、排练安排、人员管理、财务报告等。数字化可以协助演艺公司进行艺人管理、剧本创作、演出安排等方面的工作，提高管理效率。数字化技术可以提升观众在观看演艺作品时的体验，例如提供高清视频、音频效果、实时互动等。数字化可以让演艺作品采用更多元化的形式，如虚拟现实、增强现实等技术手段，给观众带来更丰富的观赏体验。

数字化平台可以将演艺作品推向更广泛的观众群体。无论是在线视频平台、社交媒体还是移动应用，都可以帮助演艺公司扩大市场和影响力。数字化平台还可以让演艺作品通过互联网等渠道传播到全球各地，提升观众数量和影响力。数字化技术可以收集各种数据，例如观众反馈、票房销售数据等，帮助演艺公司分析市场趋势，以便做出更明智的商业决策。

数字化技术可以让演艺公司的管理工作变得更加便捷，例如在线预订、自动化流程等，减少了人工干预和人为错误的可能性。数字化技术可以帮助演艺公司压缩运营成本，例如通过云计算、物联网等技术优化资源配置，提高生产效率。数字化可以让演艺作品实现多渠道盈利，如唱片销售、数字版权、品牌代言等，提高营利水平。数字化可以让演艺作品与其他行业结合，如游戏、电子商务、票务等，带来更多的商业机会。

从国内的实际情况看，由于演艺行业是文化创意产业中的一个分支，因此，

它与数字技术联系较多。数字技术可以用来进行舞台美术创作、视觉艺术创作以及舞台演出和新媒体的制作等。演艺行业的数字化将成为推动传统演艺行业升级转型的一个重要手段,可以借助数字化技术实现创新和提升。

数字技术在演艺行业中的应用可以体现在三个方面:一是数字创意与设计;二是数字演播和虚拟现实;三是数字内容创作。从"三有"(有价值、有前景、有意思)到"三优"(优效、优质、优价),可以看出,数字技术在演艺行业的应用正在不断提升和拓展。随着信息技术的发展,演艺产业数字化已成为现代艺术产业的重要发展方向。数字化优势为演艺产业带来了许多益处,数字化使得演艺产业的内容更加精细和多样化。数字化技术赋予表演者创造更加精细的视觉效果、身体动作和声音的能力,从而成就了许多经典的电影、音乐、话剧等作品。另外,数字化的革新也让音乐作品多样化,产业从纯粹的民族乐向多音乐种类的多元化发展。

数字化优势推动了演艺产业的市场和商业化。在数字化的背景下,演艺产品理所应当地具有更快的速度和更广泛的覆盖范围。演艺产品的数字化能够赢得成千上万的观众,而这些观众期望在当下的数字化场景中即时获得好产品,希望产业在获取收益的同时不断提供更好的服务。数字技术奠定了新的商业基础,驱动着演艺产业的又一次繁荣。

数字化优势为演艺产业带来了更大的社会责任和推动力。演艺圈的关注点不再仅仅是表演自身,更是对社会责任的承担。演艺产业数字化特点强调产品的娱乐性和实用性是整个产业发展的核心价值,同时也证明了只有具有强大的社会责任感和推动力,才能够顺应时代变化,持续发展。

综上所述,演艺产业数字化优势的意义重大而深远,数字化为其带来的各种益处也深入人心,引导着演艺产业的快速发展。随着数字技术的强大推动,未来我们更加可以期待演艺产业的多重变革。

(二)数字技术背景下安徽省演艺产业发展存在的问题

在数字技术高度发达的今天,安徽省的演艺产业也无法避免受到数字技术的深度影响。虽然数字技术为演艺产业提供了更广泛的发展空间,但同时也带来了许多难以回避的问题。

首先,数字技术的高度发展给娱乐消费市场带来了很大的冲击。人们把更多的时间花费在移动端的游戏、视频等娱乐消费上,而传统的演艺表演则被逐渐边缘化。此外,数字技术也使得大家对于演出的要求越来越高,随着视听效果的提升,观众对于演出的要求也变得更加苛刻,这对演员的表演技术是一种挑战。

其次,数字技术还使得演艺市场的竞争更加激烈。通过数字技术的应用,各大演出公司可以更快速、更广泛地传播演出信息,打破了地域限制。同时,数字化的娱乐活动和综艺节目也在不断涌现,多样化的内容更能博得观众的关注。这些都给安徽省的演艺产业带来了激烈的竞争压力。

最后,数字技术的应用也加大了安徽省演艺产业的市场风险。随着市场竞争的加剧,过度追求效益的企业常常将"好看""热门"的娱乐节目作为重点推广,而对于高质量、讲内涵的演出反而投入有限。这样的现象在安徽省演艺市场上尤其突出。

因此,在数字技术日益普及和应用的背景下,安徽省演艺产业的发展必须紧抓数字技术发展的机遇,进行市场化和专业化的发展,以提高市场竞争力和专业水准。同时,政府应该积极提供资源,提高文化艺术教育和人才培养的质量,以壮大安徽的演艺产业。只有通过这些措施的结合,才能够推动安徽省演艺产业在数字技术浪潮中获得更好的发展。

(三)发展数字化演艺产业的策略

如何应对网络时代的挑战,将传统演艺产业打造成高附加值、高科技含量的演艺产业,实现由"制作型"向"生产型"转变?由传统的"线下演出"向"线上与线下、一元与多元、引进与自主研发相结合"转变,发展数字化演艺产业是重要路径。传统演艺企业应着力于演艺产品的创新、渠道的拓展和推广宣传的拓展,实现传统演艺企业向数字化演艺产业的转型。数字化演艺产业是近年来发展迅猛的行业,它涉及音乐、舞蹈、戏剧、电影等多个领域。为了更好地推动数字化演艺产业的发展,需要制定综合性的策略,包括以下几个方面。

1. 加强数字化技术研发

数字化演艺的发展依赖于先进的技术,因此加强数字化技术研发是关键。

政府可以为数字化演艺产业提供财政支持，鼓励企业和学术研究机构开展数字化技术研发。加强技术研发，尤其是虚拟现实技术、人工智能等新兴技术的研发，以提供更为创新和多元化的演艺体验。推广使用虚拟现实、增强现实、人工智能等数字化技术，打造高品质的数字化演艺产品，提升演出效果和观众体验。通过建设数字化演艺平台，为演艺人员提供更好的发展机会，同时也可以为观众提供更加优质的演艺内容。推广数字化平台，为演艺作品提供更适合的数字化平台，如在线音乐平台、在线票务平台等，以实现更大范围内演艺产业数字化的拓展。建设一个集演出、票务、宣传、社交等功能于一体的数字化平台，为演艺产业提供更加便捷和全面的服务，充分考虑用户需求，形成良好的商业模式。

2. 推广数字化演艺文化

数字化演艺文化是一种新的文化形态，需要被更广泛地推广和宣传。政府可以通过各种文化活动、节日等载体，积极推广数字化演艺文化，形成良好的市场氛围；还可以通过搜索引擎优化、社交媒体营销、电子邮件营销等数字化手段，提升演艺品牌知名度和产品销售量。鼓励演艺公司之间的合作，以实现资源共享与协作共赢，共同提高演艺产业的数字化水平。通过引进国际先进的演艺内容，融合多元文化，提高数字化演艺的整体水平。政府可以采取合理的政策措施，引进国际先进资源，推动数字化演艺产业的国际化发展。同时，鉴于数字化演艺产业需要具备专业技能和创新意识的人才，政府可以加强职业教育与行业的对接，鼓励企业成立人才培训机构，提供更加优质的培训和职业发展机会。此外，可以开设数字化技术与演艺融合的专业课程，培养数字化演艺相关的专业人才，不断提高行业的整体素质。

3. 加强文化知识版权保护

政府应制定更为完善的版权保护措施，以保障演艺作品的知识产权和艺术权益，激发演艺产业数字化发展的红利。采取法律手段维护数字化演艺作品的版权，同时建立健全的版权管理体系，促进数字化演艺作品的创作和传播。提升品牌价值，推动演艺产业品牌化发展，以提升知名度和品牌价值，提高演艺产业数字化的商业价值。此外，政府还应加大对演艺产业数字化发展的投资支持，以提供更多的资金、技术和人才支持，推动演艺产业数字化的深入发展。

综上，数字技术的不断进步和普及为安徽省演艺产业带来了新的创新与发展机遇。数字技术在演艺产业中的应用，既为演员和创作者带来了更多的表现空间和创作方式，也为演艺市场的推广和管理提供了更为便捷和高效的手段。在表演艺术方面，数字技术的应用促进了演员与观众之间互动的实现，增强了舞台视觉效果。数字技术在安徽省演艺产业中的应用具有广泛而深刻的影响，不仅可以促进演员和创作者的表现空间与创作方式的拓展，还可以有效地推动演艺行业的商业化和规范化发展。数字技术为安徽省演艺产业提供了广阔的发展空间，但同时也需要我们面对挑战，努力推动产业升级和创新，从而实现演艺产业的高质量发展。

第八章　安徽省文旅产业数字化高质量发展策略

在世界范围内，数字经济正以其独特的优势，为世界各国的发展提供新的动力。在国家实施数字化战略的背景下，将数字技术与文化旅游业相结合是今后发展的一个主要趋势。"数字文旅"是指将数字化的知识与资讯技术作为主要的生产因素，把现代化的资讯网络作为主要的传播手段，以满足人们对旅游与文化的需要为目标，对文旅产业进行全方位、多角度、全链条的改造，打破文化和旅游产业的边界，实现文旅产业深度融合发展[1]。在数字经济的环境下，安徽省要实现旅游产业的高质量发展，满足广大消费群体的需要，就必须促进文化和旅游的深度融合，并以数字技术推动传统旅游产业的转型升级。

一、文旅产业数字化的发展契机

（一）国家政策支持

随着国家的快速发展，我国信息化程度已经进入了国际前列，同时也迎来了"数字3.0"的新时期，对数字文旅来说，既是机会，又是挑战。2019以来，国家和各地相继发布了一系列扶持文旅产业发展的措施。2019年，《国务院办公厅关于进一步激发文化和旅游消费潜力的意见》在全国范围内得到

---

[1] 夏杰长、贺少军、徐金海：《数字化：文旅产业融合发展的新方向》，《黑龙江社会科学》，2020年第2期。

了广泛应用。我国于2021年发布了《"十四五"文化和旅游发展规划》。2021年发布的《"十四五"数字经济发展规划》成为我国数字经济发展的重要组成部分。以上的政策文件，与经济发展的需求相适应，为促进数字经济的发展、促进旅游产业数字化转型提供了相关的政策支持。

（二）数字技术领先

截至2024年，中国已建成全球规模最大的5G网络，5G基站数量突破350万座，5G移动电话用户达8.89亿，在全球5G用户数占比达52%。其中，大数据产业规模的增长速度达到了16%，人工智能产业规模的增长速度达到了15%；且中国的数字经济已经达到了39.2万亿元人民币，在国内生产总值中的份额已经超过了美国，在国内生产总值中所占的比例接近40%，是全球增长速度最快的国家。全球领先的数字技术为中国旅游产业数字化发展提供了科技支持。

（三）新冠疫情的倒逼

新冠疫情的发生使"云旅行"在世界范围内迅速流行，给数字化的文化旅游业带来了新的发展机会，并成为一个新的经济增长点。

2024年5月，多个省份推出了"旅游优惠券"，并对景区的门票进行了打折，以此来拉动游客的消费，从而拉动旅游业的发展。贵州省、云南省、海南省、深圳市都发放了一定数额的文化旅游消费优惠券。广西、四川、湖南和浙江等地推出了打折优惠和热门线路的优惠政策，推动了本地旅游和文化旅游的发展。"云看展"和"微旅游"是当前新兴的一种新型旅行形式，受到人们的普遍欢迎。数字技术为身处寒冬的文旅产业注入了新的生机。

文旅行业的数字化转型已成为当务之急，需要通过数字化技术推动文旅行业的高质量发展，利用数字技术推进文旅转型升级，助推文旅业提质增速。中国的数字基建是世界领先的，数字技术是全球领跑的，再加上中国的人口基数大，互联网用户基数大，因而中国的数字文旅行业不仅有着坚实的数据基础，而且有着巨大的市场需求，因此，在中国，数字旅游行业有着广阔的发展前景。当前，学术界对旅游行业的高质量发展和国家层面的数字文旅发展的探讨较多，对地方层面的数字文旅发展的探讨较少。由于我国各个省份的经济水平和地理环境等方面的差异,导致旅游业数字化的发展有很大的差别。但是,这一数字化的过程都需要数字基建、数字技术、数字经济、政府政策等作为基本支持,因此也具有一定的共同之处。

二、数字技术背景下的安徽文旅产业

(一)安徽省数字经济的发展现状

2020年,安徽省的数字经济总量达到了1.12万亿元,在GDP中所占据的比例达到了30%左右,增长速度已经持续3年超过10%,2020年的增速排在全国的第9位;电子信息规上工业增加值同比增长24.1%;营业收入同比增长25.2%,高于全国同行业16.3个百分点;利润总额同比增长42%,高于全国同行业22.2个百分点。[1]数字技术是旅游行业实现数字化发展的根本保证,目前安徽旅游行业的数字经济已表现出如下特征:安徽省旅游行业的数字经济发展水平较高,旅游行业发展水平较高。

1. 数字经济支持政策落地

安徽省人民政府于2018年印发了《安徽省支持数字经济发展若干政策》,制定了一系列政策措施,旨在为与数字经济有关的企业提供政策支持和服务上的便利,促进其全面发展,推动安徽融入"数字中国"的建设。安徽省在2020年提出了"数字江淮"建设、"数字政府"建设规划,以提供大数据支持、小数据治理等方面的政策支持。

2. 数字基础建设加速推进

安徽省的信息化建设速度较快,为其在全国范围内的发展打下了良好的基础。全省在2021年增加了26 700个5G网络节点。安徽省积极推进"数字新基建",把5G及其他新一代的信息技术应用于旅游业,加快文化和旅游的数字化改造步伐,加快发展"智慧旅游",利用"游安徽"公众服务平台,积极开拓新的市场,发展新的旅游消费方式,促进文化和旅游的新发展。安徽

---

[1] 中国互联网协会:《中国互联网发展报告(2021)》,2021年7月13日。

省旅游行业的数字化发展,是旅游行业数字化发展的有力支撑,也是旅游行业数字化发展的必然要求。

3. 数字技术产业中心快速发展

安徽省的区域创新实力位居国内前列,"合肥国家实验室""合肥综合性国家科学中心""长三角国家技术创新中心""科大硅谷""中国声谷"等一批高质量的高技术创新企业正在加快推进,为安徽省的数字经济发展提供了强劲的动力。安徽省应抓住长三角经济发展的大好时机,携手苏、浙、沪三地,共同构建长三角科技创新城,加快文化旅游等新兴行业的数字化发展,形成一批"互联网+"新兴行业。

(二)数字技术对安徽省文旅产业的影响

安徽省拥有丰富的旅游资源,为了更好地推进文化与旅游的数字化改造,对其进行了深入的探讨,并做出了具体的发展计划。为了推动文化和旅游的智慧化,安徽省文化和旅游厅在2021年7月发布了《安徽省智慧旅游"十四五"行动计划》。安徽省以文化和旅游资源为依托,在文化和经济两个层面上,对文化和经济发展提出了更高的要求。

1. 创新数字文旅平台

安徽省加快推动"智慧旅游"的发展,建立"游安徽"公众服务平台,使"一部手机游安徽"成为现实。各城市根据自己的特点,纷纷开发了自己的电子旅游服务系统,如黄山旅游官方服务系统,满足包括预约门票、酒店住宿、旅游攻略,以及旅行前和旅行中的各种需要。为了让智慧旅游体验变得更加丰富,在全省各地都建立了具有多种形态的智慧旅游体验中心,可以向人们提供AR、VR虚拟体验和自助旅游等多种服务,让人们的旅游形态更加丰富多彩。

2. 数字新基建助力旅游产业升级

数字新基建是推动"互联网+文旅"发展的重要基础,也是推动数字旅游发展的重要动力。安徽省旅游业的数字硬件也有了新的发展,4A级以上景点已全部实现 4G 信号和无线 Wi-Fi 信号全覆盖，其中黄山、九华山及天柱山等主要景点已达到 5G 标准。90 余个 4A 级以上景点采用了"智能门禁系统"，实现了网上预订、电子化购票、停车场智能化咨询等功能，一大批"智慧停车场"建设完成。

3. 数字旅游营销新形式

安徽省文化和旅游厅借助短视频、新闻网站、APP 等平台，大力推广安徽省的文旅，并计划开展"双百工程"，为安徽省培养 100 名短视频创作者，打造 100 个网红打卡之地。池州市在 2021 年开展了以"赏花会""池州味道"为主要内容的系列市场推广行动。合肥市结合红色文化 + 互联网传播，使合肥市延乔路一夜之间在网上走红，并登上了新浪微博和抖音等短视频网站的热门搜索榜，使它成为一条市民缅怀先烈的"网红路"，有关部门也将其建设成为全国知名的红色文化基地。各地通过政府微信、微博、今日头条、过境短信等手段，对当地的旅游资源进行宣传，提高了宣传的效果。

4. 文化传播开启"云线上"新方式

安徽省博物馆联合全国多个博物馆，通过网络平台，推出了"云游"式的现场直播，让广大网民在家中一睹古徽州的风采。通过线上直播安徽国际文化旅游节，将西递、宏村、徽派建筑、徽州三雕、徽菜等旅游资源展示给全球公众，推动品牌文化的"云传播"。安徽省图书馆官网平台建立了"数字资源"，提供了"数字阅读"和"云阅读"的服务，包括电子书和有声书等，可以满足用户的各种需要，同时还提供了一个外部的登录系统，为用户提供了便利。合肥市"悦书园"将服务半径扩大到 5 千米，并与合肥市图书馆合作，为广大市民提供了便捷的网上、线下读书服务。此外，安徽省的大部分景点拥有短视频的官方账号，通过短视频的形式进行文化输出。

三、安徽省文旅产业数字化转型存在的问题

（一）文旅产品创新不足

伴随着数码科技的普及和社会生活方式的转变，游客的消费行为也随之

转变，游客对旅游的体验质量越来越关注。然而，目前安徽省旅游数字化的旅游产品，大都是通过手机APP、网络全景图等方式对其进行改造与更新，缺乏具有安徽本省特点的旅游产品与服务，很难满足消费者的全面需要，导致游客现场感受与数字消费之间的"脱节"，使得数字技术破坏了游客对文旅资源的真实感受。江浙各大城市都有具有地方特色和文化的文旅产品，比如苏杭的丝绸、茶叶、甜品。[1] 安徽省要立足于皖南、皖北两大区域的人文特征，充分发挥其特有的旅游资源优势，开发出一批富有地方特色的，具有当地人文色彩的、独特的文化和旅游产品。

（二）文旅资源整合力度不强

安徽处于"长三角"区域，却未能充分发挥其区位优势，应当联合江、浙、沪等地的相关主管单位，将全省和长三角区域的旅游资源进行有效融合，开发出具有地方特色的旅游产品，以促进全省的文化和旅游业融合。江浙两省与安徽省均位于长三角都市圈内，文旅发展相对完善，例如苏、杭两市就有自己的特色路线：古镇游、园林游、水乡游、西湖周边游等，这些路线具有鲜明的特点，而且与周围的都市有很好的公共服务整合，受到了很多游客的青睐。安徽省还需要进一步提高景区的知名度，加强旅游资源的整合。

黄山风景区的文化旅游业已经形成了一个相对成熟的产业体系，正在向"智能"方向发展。"黄山旅游"的服务体系已经健全，游客数量已经达到了一定的规模。黄山市在2020年与阿里巴巴和蚂蚁集团签订了战略伙伴关系，将与电商直播、数字文旅、溯源平台等领域展开全方位的战略协作，共同打造黄山市的旅游示范模板。黄山旅游集团于2021年与支付宝共同组建了安徽途马科技有限公司。该公司依托黄山旅游的官方服务平台，致力于推动黄山景区的数字化转型，提供新型的数字化体验服务，从而提高黄山风景区的品牌影响力，促进高品质的旅游业发展。

随着数字经济的发展，游客对旅行的要求越来越高，越来越强调体验性、个性化。安徽省在文旅产业的数字化发展过程中，着眼于旅游者的需要，从旅游产品的供应方面进行了创新，并已收到一定的效果。数字化营销效果明

---

[1] 蔡尚伟、丁锦萧：《产业融合视阈下文旅产业与数字经济融合发展现状与对策——基于对成都的考察》，《广西社会科学》，2021年第1期。

显，网上云端旅行备受瞩目，随着"数字化技术+文化+旅游业"的发展，一批热门的旅游打卡地点出现了，比如姥山岛、黄山寨、皖南古寨、延乔路等，这些地方在各种旅行软件中都很受欢迎。[1]

（三）数字文旅人才缺乏

"数字文旅"发展急需一批"数字+旅游"的跨学科型人才。历来，文旅业的发展重心都放在了实体服务上，而且，文旅业的从业人员习惯性地认为，文旅业和数字技术之间没有太多的联系，两者之间也没有一个清晰的切入点，这就造成了现在的数字文旅业还处于一个刚刚开始的基础阶段。目前，我国文旅产业中还出现了一些投资大、技术含量高，但实际应用效果并不理想的情况；数字旅游产业和技术公司之间的合作，只是在进行数字化方面的盲目投入，而且很少有实际应用价值。究其根本，是因为文化旅游产业人才不足，数字旅游行业相应的创新型人才的培训落后，制约了行业发展。[2]

（四）数字化水平差异大

安徽省拥有丰富的文旅资源，截至2024年，全省已建成A级景区697家，5A级景区13家。其中以黄山、九华山、天堂寨、皖南古村等为代表。这些景区是发展比较完善和信息化程度比较高的旅游胜地。由于安徽省有大量的平原和山区，并且由于其所处的地域和经济基础的差别，再加上各个景点的发展历史的长短不一，造成了一些景点的建设困难，数字技术的发展程度参差不齐。在省内，景区的门票、住宿、交通等配套服务环节具有较高的信息化程度，已经可以在所有的移动终端上进行操作。但是，在一些景区的游览、限流等管理上，它们的信息化程度还需要进一步的提升。数字化程度的不同，造成了游客的旅行体验感存在较大的差别，从而对景区的可持续发展造成了一定的阻碍。

---

[1] 杨君晓：《数字化背景下的文旅产品发展分析》，《城市建设理论研究（电子版）》，2020年第13期。

[2] 夏杰长、徐金海：《以数字化推动文旅产业融合发展》，《经济参考报》，2020年3月31日。

（五）文旅产业与数字技术融合表层化

数字化离不开数字基建，离不开 5G 基站，离不开互联网，离不开开发一个景区的 APP，离不开一个新的数字平台。在文旅行业进行数字化转型时，往往存在着仅关注基础设施而忽视了数字文化与旅游文化的深度融合等问题。当前，安徽省的智慧文旅还未做到针对地域特点和实践需求、针对不同地域特点和不同场景进行个性化辨识，未能形成"个性化推荐—游客消费评估—更新升级"的良好循环。安徽省旅游公共服务平台内各个景点 APP 之间的信息并不互联，各个景点 APP 分别形成了一个个独立的信息孤岛，没有起到乘数作用，也没有起到数据融合后的外溢作用。由于各种旅游和文化消费情景难以为人们提供较高的交互性，从而导致人们对各种旅游和文化活动的需求不高。

四、安徽省文旅产业数字化转型发展策略

（一）创新文旅产品，打造本土特色品牌

以消费者为导向，进行有目标的旅游文化数码产品系统的研发与构建。将古徽州的独特文化融入其中，使其成为一种更具吸引力的旅游产品，并将其作为一种新的载体，使其具有更高的社会价值。扶持具有地域特点的高新技术基地，如创新中心、研发基地等，大力发展文旅领域的创新型、科技型企业，"以文化为魂"，将文旅业向外输出，促进文旅资源的有效整合，创建地方文旅品牌，用品牌来引导文旅产品的供应，更好地满足游客的多元化的旅游需要。加速发展特色小镇以及与之相适应的特产，带动当地更多小镇参与到电商小镇和创新小镇建设中来。同时，通过与中国科学技术大学、合肥工业大学、安徽大学等科研院所与数字科技企业的紧密联系，整合政府、企业和科研机构的优势，在产品研发、服务等方面取得新的突破，构建"产学研"相结合的数字文化旅游产业发展平台。

（二）整合长三角文旅资源，建设区域交流公共平台

安徽省应当借鉴长三角其他地区在文旅资源融合方面的成功做法，将全省范围内的文旅资源进行有效的融合，并与各地区的文旅部门合作，共同开

发出诸如"2022 肥西·庐江·舒城·桐城文旅云上分享会"等项目。基于"长三角PASS"模式下的"文化+旅游+科技"的深度融合，构建酒店、民俗活动、文艺演出等综合公共服务平台，借助现代化的高科技手段，整合文旅资源，并通过线上、线下相结合的形式，将视觉的艺术享受带给旅游者，引领旅游者的文化审美观，提升"徽风皖韵，灵秀江淮"在长三角乃至全国的知名度，促进长三角文旅业的协同发展。长三角多个省份的有关部门可以携手合作，共同探讨建立一个长三角综合文化和旅游的公共服务平台，以实现对该区域旅游资源的有效整合，并在此基础上，推动该区域的协调发展。

（三）加快人才队伍建设，完善人才培养体系

要建立一支高层次的旅游数字化人才队伍，需要从数字文旅人才的引进和培训两个角度着手，健全人才的激励机制，从而构建起一个能够为数字文旅建设提供有力智力支持的体系。建立数字文旅专项资金和项目，用专项资金支持数字文旅类创新型项目，以专项项目来支持数字文旅类人才的发展，提高数字技术创新能力，利用数字技术，实现文化在旅游场景中的数字化展示和数字化创新。支持中国科学技术大学、合肥工业大学、安徽大学等科研院所与企业合作共建数字化人才培训中心，构建校企合作的创新平台和评价体系，形成校企的"双元"办学模式。加速建立健全数字知识产权制度，探讨以数字技术为核心的数字文旅新业务模式的保障，激发数字产业发展的动力。

（四）筑牢数字新基建底座，加速文旅业智慧升级

安徽省有皖南、皖北两个区域，区域之间在信息化程度方面存在较大的差距，因此，文旅信息化建设必须以数字硬件为依托。安徽省应该重点在一些比较落后的地方加快5G网络覆盖、智慧停车场、酒店智能入住、VR体验、景点直播等方面的建设，加快5G+智慧旅游业的发展。要强化旅游景点的数字化管理，建立旅游景点的网上预约制度，同时要优化旅游景点的门禁制度，使旅游景点之间的信息能够进行实时的交流。利用数字化来达到可视化效果，并在线上线下多方位的交互等方面取得新的突破，从而激发出新的文旅需求，并以更快的速度构建出一个能够覆盖整个产业链的数字化支持体系，用创新科技对旅游产业进行深度服务，从而解决当前行业中存在的服务、监管等问题，

推进数字文旅产业的发展,助力文化产业的智能升级。

(五)发挥文旅产业优势,促进数字技术深度应用

首先,推动数字化和文旅产业的深度整合,为文旅产业的发展赋能。对当地的旅游数据场景进行支持,将信息技术与旅游业的应用融合起来,促进信息技术应用场景的发展,在开发使用过程中使用北斗导航等新技术,促进旅游业和其他资源的开放共享和交流,提高数据的价值。其次,建立全国旅游信息、旅游服务数据和旅游需求数据的统一管理平台。通过各地的数据中心,将原来的庞大的数据链条连接起来,加速收集、整理、分析相关的数据,为后续的数据积累打下坚实的基础。促进新一代信息技术在旅游业中的开发与应用创新,推动省级和全国范围内的旅游数据的开放和共享,加强数据挖掘应用。

(六)完善政策体系,助推文旅产业数字化转型

文旅产业的数字化发展,必须有一个良好的、平稳的、持续的、有组织、有纪律、有监督的政策体系,才能健康、平稳地发展,才能有组织、有纪律、有监督、有组织地进行转型。[1]习近平总书记曾经指出,要规范数字经济发展,坚持促进发展和监管规范两手抓、两手都要硬,在发展中规范、在规范中发展。第一,各级政府机构要树立旅游行业的数字发展观念,观念是推动旅游行业发展的先决条件。第二,为文化和旅游的数字化改造做好准备。将全国各个区域在文旅产业发展中所取得的成功经验进行总结,将成功地区的有关政策意见进行综合,根据当地实际情况,制定出一份专门针对旅游行业的专项规划,并制定相应的旅游行业数字化转型的意见方案,将具体的转型措施和政策落实到有关的责任单位,从政策服务、税收、工商等多个角度对配套的制度体系进行健全,为旅游行业的发展提供一个全面的保障。第三,要为文化、旅游业和数字化的发展提供良好的商业环境。利用数字化技术,探讨长三角地区的数字化旅游管理模式,把正在兴起的数字文旅行业融入管理之中,为其提供一个可持续发展的商业环境。第四,加速推动数字权利的法律制定,与

---

[1] 刘淑春:《中国数字经济高质量发展的靶向路径与政策供给》,《经济学家》,2019年第6期。

数字经济发展同步，对数字权利进行界定，以应对数字经济中存在的深层问题，推动工业数字化进程。第五，要完善我国的数字经济管理体制，提高我国的数字管理水平。运用数字平台，建立政企民一体的监管体制，将企业反馈和公众监督纳入数字化发展监管体系，推动"互联网＋监管"，建立动态调整的全民监管体系。

综上，安徽省应抓住数字化转型这一契机，利用好地处长三角的地理优势，联合江、浙、沪等地区的旅游部门，整合省内及长三角地区旅游资源，创新特色旅游线路，带动省内文旅一体化发展。针对数字技术背景下安徽省文旅产业创新发展所面临的困境，实施打造本土特色品牌、整合长三角地区文旅资源、完善人才培养体系、筑牢数字新基建底座、促进文旅产业与数字技术深度融合、完善政策体系的创新发展策略，认清形势，认清自己，转变思路，把握机遇，实现安徽省文旅产业的高质量发展。

第九章　安徽省影视产业数字化高质量发展策略

影视产业是文化产业的重要组成部分，作为文化产业数字化的先驱，是融合了先进技术的行业类别。它在中国文化产业数字化进程中发挥着先导作用。早在2002年，国家广播电影电视总局就发布了《数字电影管理暂行规定》，该条例确立了"数字电影"的内涵。2005年，国家广播电影电视总局公布了《数字电影发行放映管理办法（试行）》，促使数字影视行业的立法工作不断加快，行业标准化水平不断提高。[1] 本章将基于此，对影视产业发展的痛点进行全面分析，阐述数字化对影视产业领域变革与发展的积极意义，并结合安徽省影视产业发展现状，探讨数字化技术在影视产业生产与传播层面的应用，以及如何借助数字化技术实现安徽省影视产业的转型发展。

一、安徽省影视产业发展现状及存在问题

（一）安徽省影视产业发展现状

1. 专注赋能提质，安徽省影视产业踏上"新台阶"

近年来，安徽省影视产业持续稳步发展，影视作品取得了丰硕成果。一些精品广播、电影、电视和品牌节目脱颖而出。由中央新闻纪录电影制片厂和安徽电视台联合出品的《人民至上》，不但得到了党中央、省委、省政府的高度评价，还入选了新中国成立60周年60部优秀献礼影片之一。由省电影

---

[1] 许松：《地方传统文化产业的数字化转型——以W市影视产业的数字化发展为例》，《传媒经济与管理研究》，2022年第2期。

制片厂出品的数字影片《十八个手印》，被国家广电总局电影局评选为庆祝改革开放 30 周年的 10 部优秀影片之一，并荣获中国数字影片"百合奖"的四项大奖。2009 年 8 月，这两部电影还获得了中国电影的最高奖项之一——华表奖。根据不完整统计数据，截至 2023 年，安徽省的广播影视作品共获 5 个"华表奖"，18 个全国"五个一工程"奖，1 个"金鸡奖"，30 个"金鹰奖"，20 个"飞天奖"，460 多个其他全国广播、影视奖，另有一大批广播影视作品获得其他各类省级奖项，切实推动了影视作品的创作与生产。截至 2022 年，安徽省平均每年备案 120 部电影，制作完成近 30 部，上映近 10 部电影，电影市场正在蓬勃发展，全省影院 491 家，近 3 100 块屏幕，每年总票房都位居全国前列，2022 年票房更是跃居全国第 8 位。

2. 完善保障体系，为产业发展注入新的活力

只有不断健全影片保障制度，才能保证电影业的持续、健康发展。为此，安徽省率先出台了《安徽省省级国家电影事业发展专项资金管理办法》，对各地的影院、国产影片和影院建设给予了最大的支持，有力地促进了电影产业的全面发展。2022 年，安徽省委宣传部、省电影局安排 2 500 余万元资金对全省符合帮扶条件的近 400 家影院给予补贴，作为专项经费进一步加强对电影业的支持。这些资金将直接用于影院，使企业得到更多的实惠。

3. 影视剧组纷至沓来，基地影响日益加大

为促进旅游与影视产业融合发展，安徽省依托国家 4A 级旅游景区，大力推进影视基地的创建，效果最明显的是大通影视拍摄基地。

铜陵市大力推进大通影视拍摄基地的建设，着力吸引影视企业和项目落户铜陵，并切实做好相关协调服务工作，取得明显效果。截至 2019 年，该基地共出品影视动漫作品 50 部，包括电视连续剧 15 部、电影 7 部、动漫片 28 部。其中电影《超萌宝贝》《老男人变奏曲》于 2015 年分别获得海南首届"二十一世纪海上丝绸之路国际影视节"的"最佳儿童片"和"优秀故事片"奖；电影《第一次牵手》和《超萌宝贝》连获安徽省第十三届、第十四届精神文明建设"五个一工程"奖（影视类），开铜陵影视作品获省"五个一工程"奖之先河。

此外，大通影视拍摄基地继 2016 年获批"安徽省级影视拍摄基地"之后，

于2017年和2018年连续两年荣获"安徽省新闻出版广播影视产业优秀园区（基地）"称号。其中,2017年在此拍摄的45集电视连续剧《回家的路有多远》,于2018年5月20日正式登陆央视八套上星播出,连续16天位列同时段全国收视第1、央视八套年度收视第5、全国电视剧收视第9;2018年院线电影《江鳗》《失控》及网络大电影《下凡不是仙》等众多剧组纷纷来铜陵取景、拍摄,使大通影视基地的品牌影响力得到极大提升。

（二）安徽省影视产业存在的问题

在看到安徽省影视产业迅速发展的同时,我们也要对目前安徽省所面临的问题进行冷静的思考。这主要体现在以下三个方面。

1. 广播影视品牌较弱

跟目前较火的浙江卫视、湖南卫视、江苏卫视、东方卫视、北京卫视相比,安徽卫视的地位还是有点尴尬。虽然安徽卫视的《男生女生向前冲》和《超级演说家》在安徽乃至全国都有一定的受众,但如果把安徽省的电视节目放到全国来看,在内容创新和节目制作上,仍然存在一定的短板,所以竞争能力还是比较薄弱的。

2. 高素质人才缺乏

人力资源是最主要的生产要素之一。影视产业属于资本密集型和智力密集型的产业,因此,高质量的人力资本在影视产业的发展中起到了至关重要的作用。高质量人才的匮乏已经成为限制影视产业水平提升的一个重要因素。造成上述问题的原因有两个,一是安徽省高校的专业设置与市场需求有较大的差距,过分强调理论,忽视了实际操作；二是在经济发达的地区,其良好的就业机会、待遇和发展前景吸引了大量的优秀人才。

3. 影视旅游产业发展相对落后

安徽省作为旅游大省,旅游资源丰富,有"五岳归来不看山,黄山归来不看岳"之称的黄山,有《琉璃》的取景地天柱山……在考察和了解安徽省影视旅游发展状况之后可以发现,目前安徽省的影视旅游发展还处在"景点+

表演"的初期，在发展过程中还存在许多问题。

二、数字化对安徽省影视产业的影响

（一）数字化的概念

数字化目前没有官方定义，但商业咨询机构高德纳（Gartner）曾这样描述，数字化就是利用数字技术改变商业模式，并提供创造收入和价值的新机会。简单地说，数字化是在信息化基础之上，以用户为中心，以数据为驱动，关注业务模式和商业模式的创新，打破传统的行业边界，为企业创造新的价值。而数字化转型是顺应新一轮科技变革的脚步，围绕企业发展，使新一代人工智能、大数据等信息技术与业务服务深度融合，使企业在信息时代的生存和发展能力得到长足发展。[1]因此，数字化成果的落地，将带来业务流程的全面优化和管理模式的深刻转变，这就是数据赋能的真正体现。

数字化转型被认为是"第二次机器革命"。与"第一次机器革命"使人们克服了自身肌肉性力量的限制不同，此次的机器革命是以延展人类思维能力为特征，计算机和机器人等拥有了一定的"类人"能力，其特点是以大数据、云计算、人工智能、物联网、量子计算等新兴技术间的相互融合来加强物理、数字、生物领域的联系从而获得全新成果并被快速传播。[2]

在大数据时代，影视产业作为传媒产业的一部分，也应该顺应和融入这样的潮流，成为数据资源的用户和受益者。当今世界，数字化带来的媒介融合及全球化带来的媒介竞争的加剧，给影视产业的发展带来了前所未有的挑战。随着新媒体表现出的巨大的对内容集成、分装和传播能力，传统影视产业的内容生产、存储、扩散、评估和处理模式的优势逐渐呈现出弱态趋势，产业创新已经成为影视产业发展的必由之路，进而为影视制作、内容传播及收视评估等提供方法论依据。

---

[1] 程立茹：《我国电影产业数字化转型问题研究》，《人民论坛·学术前沿》，2019年第19期。
[2] ［美］埃里克·布莱恩约弗森、安德鲁·麦卡菲：《第二次机器革命 数字化技术将如何改变我们的经济与社会》，蒋永军译，中信出版社2014年版，第237页。

（二）数字化对安徽省影视产业的积极影响

随着互联网的发展，以及网络电视的普及，网络已经开始与传统电视争夺用户，并对其产生了巨大的冲击。根据2024年最新统计，2019年至2023年期间，观众人均每日收视时长逐年下降。到2023年，全国所有调查城市的电视市场中，人均每天收看电视时间减少了9分钟，降幅达到8.2%。与此同时，中国互联网视频用户也在快速增长，截至2023年12月，我国网络视频用户规模达10.67亿人，占网民整体的97.7%。[1]尽管一些优质的电视剧资源的购买成本比较高，但是它们可以为视频网站带来数以万计的点击，从而获得广告商的青睐，使得视频网站与电视制作商之间的合作达到双赢，这也进一步催生了电视剧行业的变革。

1. 视频网站注入新血脉

新媒体播出平台的出现，使电视剧制作商改变了以往作为电视台的附庸的状态。电视剧制作企业的销售对象开始由传统电视台向视频网站拓展。2015年新媒体播出平台版权交易额约48.5亿元，传统播出平台版权交易额约138.5亿，新媒体平台交易额占比约26%。到了2016年，传统电视媒体电视剧版权交易额约为130亿元，占比约65%，新媒体版权交易额约计超过70亿元，占比约为35%。新媒体的版权交易占比在未来应该还会有所提升。例如，2006年80集的《武林外传》网络版权售价仅为10万元，而《如懿传》腾讯视频给出的单集价为900万，这已经足以说明电视剧网络播出平台具有强大的市场潜力。[2]

2. 新渠道降低库存

我国每年的电视剧产量在1万集左右，而电视台给电视剧的播出时间有限，远不能消化这1万集，所以有很多正在播出的电视剧都是几年前制作的。如《遇见王沥川》，虽然口碑好、制作好，也可能没地方播。而视频网站和网

---

[1] 中国互联网络信息中心：第53次《中国互联网络发展状况统计报告》，2024年3月22日。

[2] 谢晨静、朱春阳：《新媒体对中国电视剧产业制度创新影响研究——以视频网站为例》，《新闻大学》，2017年第4期。

络电视的点播功能为减库存带来了巨大力量。电视剧可以在视频网站大量呈现，以供观众选择。不仅如此，现有的电视剧多数采用电视台与网络同步播出，网络渠道对电视剧也越来越重要。

简单地说，新媒体的兴起，给我国的传媒产业带来了一个全新的制度空间和市场空间。对于传统的电视剧制作企业来说，视频网站的加入不仅意味着他们的播出渠道得到了进一步的拓展，而且还帮助他们从对国有电视台的依赖中解脱出来，打破了垄断，给电视行业带来了更为健康的发展。

3. 突出地域性 IP

在以内容为王的今天，安徽的特色、历史、文化等为其发展提供了丰厚而有力的后盾。黄山、九华山、天柱山、齐云山、徽学、建安文学、新安理学、长江文化、淮河文化等，都有巨大的利用数字化创新的基础与空间。安徽目前要做的，就是变"势"为"力"、变"力"为"利"。

比如皖南地区的黄山市，就围绕黄山景区和徽州历史文化这两大热门IP，致力于整合全球的创意资源，加强创意赋能，并在此基础上，提出了以"智慧文旅体育""影视演艺""广告会展""创意设计""新媒体服务""动画游戏""工业设计"等 7 个领域作为数字创意产业的主要发展领域。截至 2021 年 11 月，全市已梳理和推动了 55 个涉及文化、旅游和数码创意产业的投资项目。

（三）安徽省影视产业数字化的问题

数字技术作为一种新兴的传播方式，得到了人们的广泛认可与喜爱，在新媒体条件下，电影与电视的数字化转型已成为不可阻挡的潮流。但是，在当今社会中，由于各种不同的文化背景，新媒体电影与电视的发展也遇到了许多的问题与挑战。

1. 新媒体影视的质量参差不齐

新媒体电影因投资少，制作难度不大，加上各大网站对其进入的要求也不高，导致其质量参差不齐。这一问题的出现，不但会对新媒体影视作品的质量造成一定的影响，而且还会给网络监管带来一定的困难。有些视频网站，为了获得更高的点击率和访问量,让含有低俗内容的新媒体电影进入其中,或者将带有浓郁商业色彩的新媒体电影与网民自娱自乐的原创视频混淆起来,在没有取得相关许可,或者没有进行必要的内容审查的情况下,就制作、传播这类视听节目,势必会给新媒体电影市场造成不利的影响。

2. 新媒体影片盈利面临困境

目前,新媒体电影的商业模式还不够成熟,产业链也不够完善。在当前的新媒体电影产业中,很少有可以通过作品本身实现盈利的新媒体电影,它们更多的是成为广告商进行广告营销与宣传的工具。除了广告植入和赞助商的支持,其他的盈利方式还有待进一步的开发。所以,对于电影行业来说,数字技术虽然是一种新兴的技术,但大多数人都不愿意去尝试,或者是尝试了也赚不到什么钱,就转而放弃。

3. 传统影视观看时间的缩短

根据数据计算,2022年,普通家庭每天使用电视大屏的时间大约为250分钟,这个时间包括了使用电视直播的时间,也包括了利用OTT盒子、VOD点播、手机投屏的时间。根据中国互联网信息中心《中国网络视听发展研究报告(2023)》的统计,截至2022年12月,短视频用户的人均单日使用时长为168分钟,领先于其他应用;综合视频的人均单日使用时长为120分钟。可以看出,在电视和数字视频领域中,新的电视业态所涵盖的领域要比传统的电视业态更加宽广,其发展的潜力和前景也是非常巨大的。两者相比较,可知视频消费在移动用户流量使用消费中占较大比重。除了文本、图片、语音等流量消费外,国内约三分之二的用户流量消费在视频领域。这是在多终端视频格局形成后,产生的一种新的变化,这种变化驱动着用户对媒体的使用时间进行重新分配,即观看网络视频时间增加,而观看传统电视的时间减少。

三、安徽省影视产业数字化转型发展策略

(一)以"用户思维"为指导寻求新的互联网业务模式

"用户思维"就是以用户为中心,把自己的位置定位在满足用户的需要上。

特别是在这个网络迅速发展的时代，网络能让电影公司以更低的成本，更快地了解到顾客的需要。[1]而现在，随着网络的迅速发展，电影行业也面临着一场危机。例如北美的观众数量正在不断地减少，电视的收视率也在不断地下滑。随着网络的普及，年轻人也渐渐离开了电视机，为了让他们继续待在电影院里，就需要将电影行业与网络相结合，以一种全新的网络商业模式来推动电影行业的发展。比如阿里巴巴启动了"电影众筹"，以"娱乐宝"为平台，目前已覆盖了科技、农业、动画、设计、公益、娱乐等领域；以优酷和爱奇艺为代表的"网络院线"，在影片收费渠道上表现出了对传统影院的颠覆。

（二）抓住自媒体、微视频契机发展影视产业

八〇、九〇后的年轻一代，生活节奏加快，工作压力增大，对资讯的需求也随之增加。而短小精悍、风趣幽默的新媒体影片，能最大限度地满足观众的需要，使其在最短的时间里获得视觉上和心灵上的享受。新媒体影片以其高互动、高参与性等特点，为青少年提供了一个抒发情绪的途径，让青少年可以在任何时间、任何地点，参与到讨论中，发表自己的观点，从而满足自己的情绪与精神需要。另外，随着网络时代的到来，人们的娱乐活动和闲暇时间也越来越多，学习相关知识的机会也越来越多。由于学习费用和电影费用的减少，一大批影迷已开始投身影视产业。所以，在现今日益普及的多元化、个人化的移动终端环境下，我们作为后来者，能够以短视频的形式，来迎合受众的需要。对影视公司而言，他们可以通过网络视频平台降低成本，将高质量的影视作品播放出来，并与影视网站共享收益。对个体而言，利用新媒体技术，可以对影视产业进行生产与传播，对影视产业的发展起到推动作用。

（三）整合资源，实现影视产业集聚化发展

自改革开放以来，由于政策和区位优势等因素的作用，我国东部沿海地区发展较快，浙江横店和象山影视城、云南曲靖翠山影视城和大理天龙八部

---

[1] 吴卫华：《机遇与挑战大数据时代下的影视产业发展战略》，电子工业出版社2018年版，第118页。

影视城等多个影视城纷纷建成。[1]与之相比,安徽省在影视基地建设方面相对滞后。安徽省要发展影视基地,形成聚集性的电影产业,就需要借鉴中国其他影视城的成功经验,主动借鉴国外的先进技术和经营理念,根据自己的特点,充分利用自己的后发优势,形成聚集性的电影产业。以大通影视基地为例,可以从以下四个方面入手。

1. 切实提高"软实力",促进影视产业的发展

结合大通影视基地建设,不断创新工作思路,切实提升大通影视基地与影视产业园的影响力。例如,以大通影视基地成为"省级影视拍摄基地"和"铜陵市文艺家创作基地"为契机,充分汲取大通历史文化元素,为文艺家们创作以大通为题材的文艺作品提供"软件"资源;通过建立"文化产业发展基金",发挥产业导向基金的支持作用,对到大通基地拍摄、取景、搭建场景或在影院、央视六套、卫星电视等频道播出的电影、电视等给予一定的支持。

2. 加大景区推介力度,加速基地融合发展

积极参与国家电影和电视行业的大规模活动,并开展有关的投资推广活动,以吸引投资。充分发挥"口碑效应",加强对大通影视基地的专项投资,大力推介相关优惠政策,争取更多影视公司、明星摄影棚入驻,从而真正有效地利用景区存量的旅游资源,带动景区人气集聚,促进旅游与影视产业加速融合发展。

3. 着力优化影视基地拍摄条件

以特色城镇和旅游景点为依托,着力提高影视基地的"硬件"层次;在此基础上,结合大通的总体规划,确立"旅游与影视"融合的发展方向,开发出更多适合旅游和影视的项目,以吸引更多的电影和电视剧到这里来取景。除了已经建成的"大通亲水景观平台",还应根据新的旅游形式与影视行业的发展需求,对老酒店、老茶馆、大通天主教堂等景点进行设计与建设,并计

---

[1] 胡鹏林:《中国区域影视产业发展的类型、政策与路径》,《深圳大学学报(人文社会科学版)》,2022年第3期。

划修建"影视大厦",以丰富景区的内涵,为电影拍摄提供便利。

4. 适时举办影视行业活动,提高基地影响力

要想真正借鉴外国的先进做法,就要切实加强与安徽省电影电视艺术家协会的联络与交流,并积极争取参与安徽省电影电视艺术家协会举办的各种活动,如节庆、研讨会等。例如,本省举办的"大通新锐影视节",已被市政府列入 20 项重大节日之一,邀请了国内众多影视界大咖前来铜陵开展相关活动,进一步提升了安徽省影视产业的知名度和影响力。

(四)盘活存量,政策引领实现影视基地创新发展

2012 年 10 月 31 日,国家广电总局和安徽省政府在北京共同签署了战略合作框架协议,在安徽省设立国家广播影视科技创新实验基地,计划构建研发、办公、展示、孵化等为一体的园区综合功能区,国家广电总局给予技术支持,指导该基地开展广播影视技术研发、内容服务及业态创新研究。作为全国唯一的国家级广播影视科技创新实验基地,滨湖国家广播影视基地建设将对国家新型战略产业发展以及广播影视行业发展起到有效的促进作用。对此,需做到以下几点。

1. 加快影视拍摄服务平台建设

要坚持"政府主导、企业参与、市场运作"原则,设立影视服务中心,组建影视拍摄服务有限公司,实现对接影视信息发布、影视数据收集和影视产品交易线上线下一体化等功能,提供影视器材租赁、拍摄场地协调、立项报批咨询、群演人员组织、后勤保障配套等服务。

2. 加快文化创意产业园的升级步伐

文化创意产业园作为合肥市包河区"生态创新,文化兴市"的重要载体,将以"营造创新生态,文化创新引领"为主线,以"文化创意,科技研发,孵化应用,总部办公"为引领,不断完善企业的创业创新生态,激活科技资源,将文化创意产业园打造成一个文化创新、集成创新、自主创新的高水平聚集型园区,以提升合肥市"大湖名城,创新高地"的形象。

3. 推动影视产业园区特色化建设

鼓励社会资本改造并利用工业老厂房及其他闲置建设用地，规范和引导企业、个人以及村集体等参与外景基地开发建设，进一步加大对特色影视产业园区建设和招商引资工作的扶持力度，重点吸引和鼓励国内一流影视企业建造企业总部、摄影棚、创作创意中心、后期制作中心。

（五）利用数字化，充分发挥技术联动优势

近几年来，伴随着数字化的加速发展，数字特效技术有了更多的"用武之地"。不管是展示宏大的场面，还是描绘细微的细节，数字特效都使其具有更高的艺术性。它的不断更新与深入运用，使电影与电视的创意在视觉与听觉上绽放出绚丽的光彩，推动着中国电影事业的高质量发展。例如，《流浪地球2》中的太空电梯、《三体》中的大科学装置、《外太空的莫扎特》中灵动的毛绒玩偶……这些栩栩如生的特效，都在极大程度上提升着影视艺术的水准。因此，安徽省需借助这股东风，实现影视产业数字化转型发展。

运营规划上，影视产业要与文旅、地方文化建设等相关的内容相结合，打造出一条专业的数字产业院线，从而吸引更多的观众，这也是数字影视产业发展所要考虑的一个重要问题。例如，山西省就将著名的电影导演和当地的风景名胜进行了密切的结合，拍摄了大量的宣传片和宣传电影、纪录片等，将各地的观众吸引到大银幕上。对此，安徽省完全可以利用黄山风景区、迎客松等几个知名品牌，与文旅集团合作，打造出一批高质量的旅游产品。这是一种非常新颖的尝试，它不仅可以提高有关地区旅游产业的知名度，也可以让数字影视产业的发展有一个真正的落脚点，而且还可以让彼此之间的联动作用产生巨大的收益。

安徽省影视产业要与国际的发展趋势相结合，尤其是与电影发达国家的发展趋势相结合，进行合理的规划，使其发展与相关产业融合，这是目前安徽省影视产业数字化转型的重点。在放映规则的制定上，有关的调整必须与国际发展的需要相结合，尤其是在网络影视和IP影视打造的基础上，结合电影和电视一体化战略、家庭影院战略、衍生品开发策略等，进行相关业务的推广。

综上，影视产业与科技发展并向而行，影视产业发展的历史就是科技不断赋能的历史。当前，数字化转型所带来的颠覆性变革正在持续进行，所有行业都将或早或晚地受到这个冲击波的影响，任何行业都很难独善其身。以云计算、大数据、人工智能、物联网等为特征的新兴技术让影视产业充满机遇和挑战。因此，安徽省应借助数字化这股东风，实现影视产业高质量的转型发展。

第十章　安徽省在线教育产业高质量发展策略

2021年2月8日，教育部、国家发展改革委、工业和信息化部、财政部、国家广播电视总局等五部委联合印发了《关于大力加强中小学线上教育教学资源建设与应用的意见》，要求到2030年基本建成覆盖城乡各级各类学校的教育信息化体系。本章根据当前安徽省在线教育行业中所面临的问题，通过对当前安徽省"在线教育"主流的几种教学模式及方法的调查，提出了构建安徽省网络教学系统的设想，并将其运用到教育信息化的建设中去，以此为依据，为网络教学系统中一些问题的解决提供了一定的理论依据及技术支持。在线教育可以促进教育公平，实现优质教育资源共享，这是一种有益的探索，一方面它可以验证教育实践的科学性，另一方面也有助于实现边远地区义务教育的均衡发展。

一、安徽省在线教育产业现状

（一）在线教育概述

在线教学就是电子教学，即利用网络技术来实现内容的发布，从而提高教学效率的一种教学方式。电子学习中的"E"指的是电子学习、高效学习、探索学习、体验式学习、扩展式学习。电子学习很方便，且有利于提高学习效率。美国是电子学习的起源地，60%以上的公司都采用了电子学习的方式来开展其内部教育。自1998年以来，电子学习风靡全球，并由北美和欧洲快速发展至亚洲。近年来，已有不少国内公司对电子学习产生了极大的关注，并已着手开展电子学习。

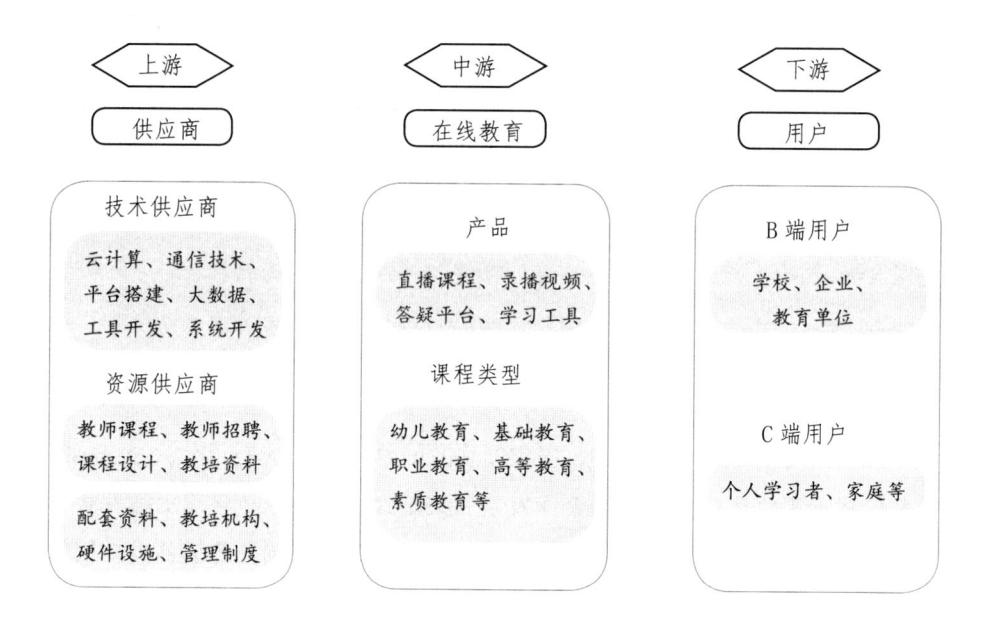

```
         上游              中游              下游
       供应商            在线教育             用户

   技术供应商              产品            B端用户
   云计算、通信技术、      直播课程、录播视频、    学校、企业、
   平台搭建、大数据、      答疑平台、学习工具    教育单位
   工具开发、系统开发
                        课程类型
   资源供应商                              C端用户
   教师课程、教师招聘、    幼儿教育、基础教育、
   课程设计、教培资料      职业教育、高等教育、   个人学习者、家庭等
                        素质教育等
   配套资料、教培机构、
   硬件设施、管理制度
```

图 10-1　在线教育产业链

如图10-1所示，在线教育产业链的上游，包括了相关供应商，如云计算、通信技术等技术供应商，还有教师课程和辅助设施的资源供应商。从中间的产品形态来说，有直播、录音、学习工具等。就课程类型而言，可分为幼儿教育、K12教育和职业教育等。而下游则以使用者为主，既有B方也有C方。[1]

至于参与的公司，上游包括了科大讯飞、星网锐捷等技术服务商，还有像洋葱学园这样的资源提供商。而在中游的，则是好将来、新东方、猿辅导等K12行业的龙头企业，"掌门1对1""作业帮"这样的公司，"宝宝巴士"、凯叔讲故事等"幼儿教育"方面的优质品牌，中国大学慕课等具有代表性的高校在线教学组织，以中公教育、中华会计教育网、高顿教育为代表的在线职业教育，以及编程猫、流利说、斑马AI学等具有代表性的在线素质教育学校。

---

[1] 上海艾瑞市场咨询股份有限公司：《中国在线教育产品营销策略白皮书》，2020年1月13日。

（二）在线教育产业分类

1. 政府主导型

公共在线课程如中国大学慕课（MOOC）是国内优质的中文版MOOC学习平台，大型开放式网络课程，即MOOC（Massive Open Online Courses）。

从2012年开始，美国各大高校纷纷建立在线教学平台，推出包括edX、Coursera和Udacity在内的三家在线教学机构，为更多的人带来了一个系统化学习的途径。这三大平台开设的所有课程都是面向更高层次的教育，同时也拥有一种类似于高校的教学与管理体系，而且他们的所有课程都是不收费的。

安徽省教育厅已将"安徽高等教育振兴计划"纳入"安徽省高校数字图书馆二期项目"的内容当中，在安徽省高校数字图书馆二期项目建设中，建设网络课程学习平台，依托省内优质课程资源联盟，开发一批基于慕课的网络示范课程供省内高校学生学习，实现优质课程资源共享。

"e会学"（安徽智慧教育平台）以使用者的需要和利益为起点，以教学为核心，以老师为先导，以学员为主体；在此基础上，构建了一个以"以人为本"，以"高质量的课程资源"和"信息化"为主要内容的网上学习社区。该平台以安徽省的精品、优质课程为主要内容，结合网上的师生交流互动、答疑和管理等功能，对与课程有关的一切资源进行了高度的整合。它围绕课堂展开作业、测验、问题解答，以及交互式的教育活动如讨论、获取学分、评估等。[1]通过组建安徽省地区高校开放教育资源联合体，共同建设高校开放教育平台，为高校开放教育提供良好的教学服务，为高校开放教育提供一种全新的教学方式。

"e会学"将通过建设一个统一的证书体系，与全省所有大学的教育体系相融合，实现慕课在线学习、互动、作业等功能，开展以测验为主要形式的交互式教育，并在全国范围内开展慕课的学分认定及相互认可。

2. 市场主导型

当前，安徽省在线教育的发展趋势有三种：一是以高质量的课程和内容

---

[1] 王雅文：《"互联网+"背景下在线教育平台使用现状与发展对策研究——以合肥市为例》，《现代商业》，2018年第20期。

为主的网络型的课程，比如网易公开课等；二是以社会网络为中心的"平台"，比如谷歌和淘宝等公司的线上教学平台；三是面向特殊人群，主打线下教育与线上平台相结合的细分式社交网站教育平台，如大街教育等。

以网易公开课为例，网易公开课（网易视频公共课频道）是网易的一个纯公共服务的计划。网易名校公开课引进了海内外名校课程，内容涵盖范围很广，名师对课程进行了细致的解析，网易名师公开课频道构建了一个强大的在线视频授课平台。自网易公开课推出之日起，网易便已做出保证，不会有任何营利行为，网易将会无偿提供所有的课程内容，并且与其他站点分享本课程的内容。

网易公司推出了"全球名校视频公开课项目"，第一期有 1 200 集课程在网上发布，超过 200 集课程都有中文解说。其中有哈佛等世界一流学府的公共课堂，以及可汗学院、TED 等知名教育机构的教学录像，内容涵盖了人文、社会、艺术、科学、财经等各个领域。[1] 网易的公开课，旨在为广大热爱知识的网民搭建一个开放、免费的教学平台，并在此基础上，对外招募了兼职的中文字幕译员。网易公开课英文版旨在弘扬开放、平等、合作、共享的信念，使知识无止境。

（三）安徽省在线教育产业现状分析

1. 安徽省在线教育的发展

从 2020 年 3 月 2 日开始，安徽省各大中小学利用电视和网络等形式，开展了在线教育和教学。省教育厅在全省安排了 1 600 余位骨干老师，在线录制课程 2 172 节，对安徽省小学的 6 个年级、初中的 3 个年级、高中的 3 个年级的学生进行了线上教学，还根据各地的情况组织了线上考试。并在此基础上，对已有的教育资源进行了系统的整合，对网络教育的课程进行了科学的设置。充分发挥国家、省、市的优势，利用县、校各级教育网络服务平台的资源，为各地、各校高质量进行在线教育，提供更多的可供选择的资源。截至 2024 年 2 月，网络教学在安徽省的教学实践中已经得到了良好的发展，网络教学的点击率已经超过了 3 亿人次。

---

[1] 朱新顺：《"互联网+"时代在线教育研究与探索》，《现代信息科技》，2019 年第 22 期。

据悉，安徽省在中小学，采用的是以录播教师统一讲授与任课教师网上辅导两种形式的教学，同时，任课教师与学生进行同步的课堂学习，在课后还可以进行线上讨论、辅导答疑、作业批改等工作。中职以班为单元，采用"录像＋在线解答""引导学习＋资源推荐"的方式进行授课。各院校根据专业、年级和课程类型的特点，制定"一校多策""一校一策"，采用网络自学和混合式教学等方式进行网络教学。

2. 安徽省针对特定困难人群的政策

自从安徽省开展了学校的网络教育，省教育厅对抗击新冠疫情的前线医护人员的子女、农村的留守儿童和随迁子女给予了足够的重视，并做好对包括贫困儿童在内的特殊人群接受在线教育的帮助。对于一些没有手机终端的居民，协调社会捐助和通信运营商捐赠。对于没有电视的用户，协调学校老师、社区（村）干部、有爱心的群众和志愿者以"一帮一""多帮一"等方式提供帮助。根据数据显示，各地对全省范围内排查出的1.7万名不具备在线学习条件的学生，通过赠送手机、平板电脑和开通电视等形式，为其中1.2万名学生提供了在线学习服务；并通过赠送流量等形式，为另外5千名学生提供了在线学习服务。[1] 各地的教育部门都根据需要，并结合当地的具体情况，提出了一系列行之有效的措施，来保证这些特殊人群的学习能够顺利进行。

庐江县还组织各部门和各大高校，为庐江的贫困学生每位捐赠了一部新的智能手机，或者借来了一部新的笔记本电脑，并与中国电信集团联系，为他们免费发放了一张"无线热点"和一张UIM网络卡。亳州市与通信公司联系，向贫困家庭的孩子们每个月免费赠送20G的移动数据流量。池州市与通信公司联系，免费帮助无法上网课的特殊人群安装有线电视和宽带，并在新冠疫情期间提供免费上网服务。

二、安徽省在线教育产业存在的问题

随着网络教育市场不断发展，在线教学已经成为一种新的教学模式。在

---

[1] 陈平：《提升新冠疫情期间网络教学效果的途径研究》，《黑龙江教师发展学院学报》，2020年第5期。

传授知识方面,可以打破时空的界限。一名老师可以通过网络,将自己的授课内容,传到数万名学生的耳中。通过网络,可以使同学们在任何时间、任何地点都能轻松获得课堂教学资源。现在,不管是政府引导下的学校,还是传统的校外教育机构,以及新兴互联网企业,都纷纷进入了网络教育市场。

目前,在线教育迅猛发展,但同时也带来了一定的问题。其主要问题有如下几个方面。

(一)师资方面

1. 缺乏在线教学的专门技能

对许多一流的教师来说,网络教学与他们所熟知的传统教学方式不同,而且有相当多教师是有经验的中老年教师,许多教师不了解网络教学中需要的某些专门的技术和知识。比如说,许多教师没有录制教学内容的经验,不会使用录屏及录音等有关软件。因此,他们在对视频进行剪辑、PPT同框播放、视频格式转换等诸多需要一定技术的操作步骤中,缺少经验,这就导致他们要再花费大量的精力和时间来进行学习。

2. 教师的教学惯性

大部分教师都习惯了现场教学,因此,面对网络教学,他们会有一些情绪上的抵触。这种新的教学模式给广大教师造成了很大的心理负担。许多教师反映,他们在备课过程中,面对着屏幕,说不出话,感到很尴尬。还有一些教师认为,在网络教学中他们无法看到学生的神情,感觉就是在自言自语,缺少了与学生最起码的交流和互动,这样就无法确定学生能不能理解,从而会影响到课堂的效率和品质。

3. 网络条件的限制

一般的网上教学方法缺少交互性,对课堂提问、小组讨论等交互式学习的开展产生了一定的影响。同时,由于受到网络、硬件设备等多种客观条件的限制,如何在网络环境下,实现多用户共享视频等业务具有一定的挑战性。更有比较依赖实际操作(如做实验、实物讲解等)的学科教学内容,由于不能满足教学所需要的条件,所以很难开展。此外,由于没有标准化的教育氛围与系统的限制,也出现了一些教师开课早、上课晚、上课马虎等情况。

4. 教师工作负荷增加

对于没有任何教学经验的教师来说,想要长时间在网上进行教学,面临着许多的挑战。许多教师花了很大的力气,最后做出的也只是目前最常见的、最简单的、用屏幕分享的方式,或者用现场的课件录制的网络课程。就像之前的研究表明的那样,难以充分发挥网络教育的优势,只会让学生更加沮丧、更加迷茫,从而降低他们的学习热情。一些枯燥乏味的仅以课本为基础的学习资料,会使学生感到无聊,容易分心,从而对他们的学习和理解产生负面的作用。

(二) 学生方面

1. 学生对提前上课和强制打卡有抵触心理

有一些学校在教育部发出"停课不停学"号召之后,出现了一些违反规定的情况,如提前开学、上课超时等。很多学生都对自己的假期生活很不满意。此外,许多学校使用在线教育平台的"打卡"功能,强迫同学们完成"打卡",并布置了大量的功课;而那些被迫上课的同学,也被逼着发了一段又一段的打卡视频,这对他们来说也是一种折磨。

2. 学生对网络课程的学习效果感到不满

前文已述,在线教学时间过长,教师们大多是硬撑着做的,很难再提升。而且,由于多种因素的限制,传统的网上教育模式普遍存在缺少线下教育氛围和互动等问题。由于受到环境、时间等因素的限制,高品质的精品网络课程很难诞生,所以,许多家长和学生都开始怀疑在线教育的教学质量。

3. 客观因素的制约导致用户的使用体验差

由于受地理位置、设备条件以及网络连接速度等诸多因素的制约,部分偏远地区或贫困家庭的学生很难在网上学习,因此,对他们来说,能够支持线上教学的智能手机和网络信号也不容易获得。此外,居住在城镇的大部分中小学生都没有手机,他们的学习任务都是使用父母的手机来完成,这也给父母的工作和生活带来了一些不便。

4. 必须依靠学生自己的主观能动性学习

在线教学能够让学生对自己的学习进行规划，给了他们更多的自主权。这种方法在一定程度上也对学生的自我控制提出了较高的要求。但是，中小学生的学习主动性和自觉性一般都比较低，许多父母都反映，自己的孩子在任何时候都需要被人监督着才能完整听完一节课，这也给他们带来了很大的压力。

(三) 平台方面

1. 服务器崩溃

由于新冠疫情的影响，全国各地的小学、初中、高中，甚至是大学里，都有不少人选择了在线学习，如此巨大的数据量，已经超过了绝大多数网络直播平台的承受能力。随着"阿里钉钉"、"学习通"、"好视通"和 Zoom 课堂等网络学习平台全面上线，开始出现网络延迟等各种问题，有的还出现了网络瘫痪的情况。这不仅严重影响到直播的效果，而且还给那些想要录制视频的教师们带来更多的麻烦，比如上传课件的速度太慢、转换速度太慢、系统出错等。如果在课堂中出现学生掉线等问题，对课堂的正常运行也会造成很大的冲击。

2. 教学辅助工具不完善

目前，中国在线教育的发展还没有到达一个非常完善的阶段，大部分平台都不能够提供更丰富、更先进的线上教学辅助工具和服务，或者有些平台中能够提供更加先进的电子教学工具，但是却忽略了对使用者的宣传和培训。因此，许多使用者都不清楚，在这些线上平台还可以进行许多更高层次的线上互动教学活动，从而影响了在线教学质量的提升。

3. 客服人员工作量大

疫情期间爆炸般的在线教学，在线教学平台的员工们正面对着巨大的挑战，在一众新登记的师生面前，客户服务部门难以迅速地回答成千上万的问题。只能利用自己的网络教育平台，暂时设立几个老师之间的沟通小组，并不定期地对学生们提出的问题进行答复。比如聊天群,一个下午的聊天记录就有上千条,而在这个聊天群的高峰时段,每一分钟都会有一位老师问一个新的问题。而在这种工作强度下,负责对这些问题进行管理和回答的平台工作人员很难在短时间为用户提供满意的回复。

(四) 理念方面

在AI环境下,网络教学必须以学习者为主体。杜威将心理学应用于哲学和教育学,并以此为指导思想,以"以人为本"为核心,遵循人的主体性发展,从而确立了以人为中心的教育理念。[1] 教育是以人为中心的一种行为,父母和孩子的交流构成了父母对孩子的教育,这种交流反映了杜威关于"教育就是生命"的观点。以学生为中心,针对他们的不同发展时期以及他们的学习需要,网络教学可以为他们提供具有针对性的教学内容,以发掘他们的潜力,这充分反映了"教育就是成长"的理念。把学生作为学习的主体,网络教育通过它的教学作用,帮助学生形成人生观、价值观,增加了阅历,以适应将来的工作和挑战,这充分反映了杜威的"教育就是变革"思想。目前一些网络教学形式仍以专题授课形式进行,这不但很难引发大众的关注与思考,而且还会对网络教学的传播产生一定的影响。特别是很多网络课程,还是照搬传统的在教室里讲课、上课的模式,没有考虑到学生的心理,只是对其进行简单的灌输,忽略了网络教育的寓教于乐功能。但在人工智能的背景下,通过智能化的计算,教师不仅能够进行课程设计,也可以直接参与网络教育课程的编排和创作。

三、安徽省在线教育产业发展前景与策略

(一) 安徽省在线教育发展前景

美国的在线教育产业在2012年达到了910亿美元,与之相比,中国的在线教育产业规模只有705.2亿元,还不到美国的20%。未来的网络教育将呈现出个性化发展、线上线下融合、资源共享以及国际化等发展趋势,具有广

---

[1] [美] 约翰·杜威:《民主主义与教育》,王承绪译,人民教育出版社1990年版,第112页。

阔的前景和巨大的市场潜力,并且由于网络使用者的迅速成长,以及国家对教育政策的持续支持,使得在线教育行业能够得到迅速发展。

1. 互联网的高度发达为在线教育打下坚实的基础

网络教学的发展离不开广大网民的支持。伴随着国家互联网和网络基础设施的不断完善,截至2023年年末,安徽省固定互联网宽带接入用户2 987.6万户,比上年末增加277.5万户,其中固定互联网光纤宽带接入用户2 810.6万户,增加332.8万户。全年移动互联网用户接入流量112亿GB,增长16.3%。互联网使用者的增加必然会带动在线教学的迅速发展。

2. 5G与智能手机的普及促进了在线教育的快速发展

随着5G牌照的正式发布,以及智能手机的快速普及,网络教学在渠道方面得到了进一步的拓宽,从而推动网络教学行业迅速发展。学生们不用再坐在电脑前,也不用再连接Wi-Fi,他们可以利用高速5G网络,使用手机、平板电脑等,随时随地进行学习。由于目前5G的费用比较高,所以在移动端上的教育发展还比较困难,但是当5G的费用降低到了一定的水平之后,5G的教育将迎来转折点,并可能出现爆炸性的发展。

3. 知识更新加大了单位及个人对在线教育的需求

如今,各个行业都在快速地进行知识更新,因此要想维持核心竞争力,就必须要对员工进行培训,从而持续提高员工的综合素质。此外,由于人们有很强的自我意识,因此,要接受职业培训教育。尤其是金融、快速消费品、医疗保健、老年服务业和汽车业,由于行业规模大、从业人员分散、工种和工序较少、标准化程度高,在线教育投入产出比高,成本节约结果明显,且相关行业属于充分竞争的行业,员工素质和技能对企业业绩影响巨大,行业新产品、新规则层出不穷,企业对员工教育培训需求强劲,是最适合开展在线教育的行业。

(二)安徽省在线教育发展策略

在"十四五"期间,安徽省教育信息化将以推动教育信息化为主线,发展高质量的数字化教育资源，促进新技术与教育教学相结合。在推动教育管理和服务的过程中，加快了"四大工程"的进程，并在此基础上进行了教育信息化的建设。

1. 推进新的教育基础设施建设

推动新型的教育基础设施，加快5G、云计算、物联网等新型技术手段在教学中的运用。全面推动"三通""两个系统"的建立和运用，进一步完善安徽省教育行政管理信息系统、安徽省基础教育信息系统等平台，为全省中小学提供优质的信息服务支持。在全国范围内推动"智能校园"的建设和运用，使全国所有的乡镇都具备"智能"的条件，使所有的乡镇都能建立起"智能校园"。加大对教育技术投入的力度，做到标准化配置、信息化管理、正常化应用，创建健全、规范的省、市、县三级机构；提高"绿色""低碳"发展能力，推动"绿色"校园建设。加速构建智慧学习环境，如网上智慧教室、智慧实验室和虚拟工厂（医院）。促进以学生为核心的智能学习环境的开发，帮助学生实现自主化、个性化学习，在探索、发现中摸索规律，掌握知识。

2. 开发高质量的数字教学资源

健全安徽基础教育教学信息服务系统，鼓励学校、教师、学生、社会等多方力量，构建高质量的教学信息服务系统，开展"数字化"的教学信息服务，使之涵盖各级、各类教学信息服务系统。建立一个数据互联、系统互联、应用协同的省、县、市、区四级教育云服务系统，并以省教育信息化平台为主导。建立多种协作形式的、内容丰富的、应用广泛的、虚拟模拟的试验与训练基地，为高等教育平台提供即时服务的云端平台。构建数字化教学资源的共建共享体系，健全知识产权的保障体系和创新教学业务的监督体系，推动校企合作，搭建线上教学平台，实现个性化教学业务的精准推荐。

3. 实现新技术和新课程的深度整合

运用智能技术，加速推进我国教师队伍建设，并在此基础上，探讨实施差异化教学、个性化学习和智能化服务的有效途径，以推进我国高校教师队伍建设由"集成"向"创新"转变；在教育教学管理和教育治理中运用区块链技术，探讨利用区块链和大数据等新技术对智慧学习效果进行记录和转移、交换、认证，以及其他有效的方法，以实现通用智能的学习系统。以"自主、合作、探究"为特征的新型教与学方式则是信息技术与学科教学的深度融合课的具体目标，有了新型的教与学方式，再加上正确教育思想观念的指导和相关教学资源的支持，才有可能实现信息技术与学科教学深度融合的最终目标。信息技术与学科教学深度融合的最终目标是要变革传统的课堂教学结构，将教师主宰课堂的"以教师为中心"的传统教学结构，改变为既充分发挥教师主导作用，又能突出体现学生主体地位的"主导—主体相结合"的教学结构。[1]

4. 加快教学的网络化和智能化

建立教育管理信息系统，涵盖各级教育行政机关、各级学校及有关教育单位。强化教育信息化的整体规划与体系，促进各部门之间的业务协作，加速各部门之间的资源共用与开放，并在省级与县级之间，逐步实现各部门之间的资源共用与共享，提高对教育业务管理、决策支持和监督评估的支持水平。开展中小学教师IT技能培训项目，构建并健全"全国高等学校教育管理服务一体化"的"智能思政大数据平台"，进一步丰富该平台的内容，加强其推广和使用，在高等学校范围内完成该项目。在此基础上，进一步完善高校的信息化管理体系，提高高校的信息化水平；相应地将开展一项"教育信息化"项目，编制《安徽省智慧学校建设总体规划（2018—2022年）》，修订并改进《安徽省高校教育信息化建设评价指标体系》，构建支撑服务平台，推动安徽省高职院校的"智慧校园"建设，并通过省级以上高校的"智慧校园"创建工作，实现高职院校的"智能校园"创建工作。要做好安徽基础教育信息服务系统的优化和更新工作，并加速与长三角地区各省份的信息服务系统的衔接工作，初步建立起能够满足省、市、县的信息服务系统，建设符合学校四级要求的标准统一、互联互通、应用协同的省级"互联网+教育"大平台。

综上，安徽省在线教育产业的发展过程中，应该加强与学校、教师及学

---

[1] 卢迪、邱子欣：《5G新媒体三大应用场景的入口构建与特征》，《现代传播》，2019年第7期。

生之间的互动与交流，提升使用者对在线教育的认可程度，使在线教育更好地融入人们的生活与学习中。在使用在线教学方式进行教学的时候，应该发挥其优势，避免其不足之处。如利用先进的技术和课程设计，充分发挥其灵活多变的特点，提高教学的交互性和参与性，提升教学的品质，减少学生的消极情绪和心理压力；充分利用有关部门的政策和体制上的优势，充实网络教学的内容，并推进高质量教学资源的共享，从而提升教育的公平性。

第十一章　安徽省电商直播产业高质量发展策略

随着互联网技术的普及和移动智能设备的广泛应用，电商直播改变了商品信息的传输方式，拓展了用户的网络社交方式，也可以说电商直播改变了商品生产、内容创作与线上消费的连接方式，开拓了新的经济增长点。[1]与此同时，市场竞争的加剧、消费者需求的多样化、人才短缺、法规监管缺失、技术需要创新等问题的不断涌现，都对电商直播产业提出了更高的要求。[2]本章通过深入调研安徽省电商直播产业的现状、分析存在的问题和发展趋势，不仅可以帮助企业了解市场竞争态势、把握市场机遇、制定有效的竞争策略，也可以推动消费需求、优化产品供应链，还能带动物流、仓储、营销等相关产业的发展，从而有效缓解就业压力，进一步促进区域经济的繁荣。因此，促进电商直播产业的高质量发展对安徽省具有重要的现实意义和长远的发展价值。

一、安徽省电商直播产业概述

（一）电商直播的定义与特点
1. 电商直播的定义
电商直播指的是通过具有一定网络影响力的带货主播、明星、网红、演员、

---

[1] 饶俊思：《电商直播营销应用及发展策略研究——以淘宝直播为例》，硕士学位论文，南京师范大学，2019年。
[2] 喻君洁：《我国直播电商发展存在的问题及解决策略》，《商展经济》，2021年第24期。

主持人等，基于社交媒体、购物平台或者直播平台，进行商品展示、推广和销售的新型电商模式。它结合了电子商务和直播技术的优势，为商家和消费者提供了一个全新的互动购物体验，实现即看即买的便捷购物方式。

2．电商直播的特点

（1）目标客户明确

通过电商直播平台，商家可以根据观众的观看历史、兴趣爱好等信息进行精准推送，确保直播内容能够触达目标客户群体。同时，通过直播，消费者可以直观地看到产品的外观、质地、使用方法等，获得比传统电商更生动的购物体验。主播在直播中根据不同的受众需求进行推荐和演示，帮助消费者更全面地了解产品，减少购买疑虑，提高销售转化率。

（2）时效性高

电商直播通常具有较强的时效性，商家可以在新品发布、促销活动等重要时间节点进行直播，吸引消费者关注并促成购买。主播可以通过语言和肢体动作与用户实时分享直播内容。[1] 同时，用户还可以通过评论发布信息与主播进行实时交流，主播在看到交互式评论后立即做出回应，解答用户疑惑并与之交流，也为产品改进和营销策略调整提供了参考。

（3）受众面广

电商直播通过互联网平台传播，不受地域和时间限制，能够覆盖更广泛的受众群体，并且直播带货通常借助热门平台和知名主播的高流量，能够吸引大量观众观看和参与。这种集聚效应不仅增加了产品的曝光度，也提高了品牌的知名度。无论是城市还是农村，只要有网络连接的用户都可以观看电商直播并参与购物。这使得电商直播成为商家扩大市场份额、提高品牌知名度的重要渠道。

（4）包容性强

各大电商直播平台所包含的商品种类众多，如母婴产品、娱乐产品、学习用品、美容护肤产品、服装产品、零食特产等，大致覆盖了全行业。并且电商直播带货的类型大致可分为店铺直播、个人主播带货、秒杀直播、品牌

---

[1] 朱新英：《电商直播的现状、问题及发展策略》，《商场现代化》，2021年第11期。

商家带货、产地实地直播以及 KOL 直播带货等。商品销售已变得多样化和整体化。从职业主播到普通人群、从交付商品到共享产品经验、从城市到农村，越来越多的人开始从事直播行业，在全国范围内掀起了直播热。[1]

（5）娱乐性与互动性强

电商直播融合了娱乐元素，主播通常具备一定的才艺和魅力，能够通过幽默风趣的直播风格和互动环节吸引观众参与。例如，直播期间主播允许观众评论、提问、点赞、送礼、分享等，并根据反馈对直播的环节进行调整。这种互动不仅提高了购买决策的准确性和消费者与品牌的互动体验，还增强了消费者的参与感和黏性，以及购物的娱乐性和社会性。

（6）关键要素多

第一，人为内容创作方，指主播和 MCN 机构。一个专业的、有魅力的主播是直播带货成功的关键。具备良好的口才、形象和专业知识的主播能够与观众建立良好的互动关系，拉近与消费者的距离。第二，货指品牌方、厂商和供应链，它们是电商直播的基础。直播带货的核心是产品。商家需要确保所售商品的质量，避免虚假宣传和劣质产品的出现。第三，场指电商直播的平台，包括电商平台、直播平台、短视频平台和社交平台等。"场"是电商直播发展的核心。场的发展，打通了人与货，改变了线下的"人找货"、电视购物"货找人"的关系，实现人与货的双向互选。[2]

（二）安徽省电商直播的生态系统

1. 电商平台发展

安徽省电商平台数量稳步增长，涵盖供需双方都是企业，为企业的电子商务模式进行电子商务交易的 B2B 模式、企业通过互联网直接向消费者销售产品和服务的 B2C 模式以及个人与个人之间电子商的 C2C 模式等多种模式。这些模式的代表企业有阿里巴巴、国网商城、淘宝商城、亚马逊、聚美优品等。本土电商平台如"安徽电商云系统平台"、合肥"首购网"等不断创新服务模式，

---

[1] 夏爽：《电商直播带货营销模式问题及对策研究》，《物流工程与管理》，2021年第 6 期。

[2] 姚洪珊：《直播电商行业现状、问题与未来发展策略探讨》，《现代营销（信息版）》，2020 年第 5 期。

提升用户体验。同时，国内外知名电商平台也纷纷在安徽设立区域中心或运营基地，进一步丰富了市场竞争格局。

2. 供应链打造

安徽省电商企业通过大数据分析、云计算等技术手段，优化供应链管理。首先选择高品质供应商以实现对产品质量和稳定性的深度把控，其次做到对生产、库存等环节的合理控制。同时，运用供应链金融、协同制造等新模式，为产业链上下游企业提供全方位服务。

3. 物流体系建设

电商直播产业需要高效、便捷的物流体系支撑。安徽省应加大对物流基础设施的投入，提升物流配送能力和效率。同时，鼓励和支持电商直播企业与物流企业深度合作，共同打造高效、智能的物流配送体系，提升消费者购物体验。

4. 多元合作伙伴

安徽省电商企业积极与各类合作伙伴建立合作关系，通过跨区域合作，共同打造电商产业协同发展新格局，推动资源共享、优势互补，实现生态系统的深度整合与协同发展。同时省政府与阿里巴巴、抖音集团等电商平台签署合了作协议，在跨境电商、文化旅游、数字经济、老字号品牌创新等领域开展了广泛合作，推动了菜鸟网络中国智能骨干网（合肥经开）、阿里巴巴犀牛智造宿州产业园等大项目落地建设。

5. 创新技术应用

安徽省电商企业注重创新技术的应用，如5G、人工智能、物联网等。这些技术应用于智能客服、防伪溯源、无人仓储等领域，不仅提升了电商运营效率，增强了用户体验，还提升了商贸领域网络化、数字化、智能化水平，扩大了新型数字消费，推动形成数字生活。

6. 生态系统构建

安徽省致力于打造完善的电商创新生态,推动建立"互联网＋服务"模式，实现对消费者线上线下的及时服务,提升消费智能化、便利化水平,鼓励企业、科研机构、高校等参与电商技术创新与模式创新,通过搭建创新平台、举办交流活动等方式,促进产学研深度融合,推动电商产业持续创新发展。

(三)安徽省电商直播产业发展趋势

1. 直播电商势头强劲

近年来,安徽省电商直播行业发展势头强劲,得益于互联网技术的飞速发展和智能设备的普及。越来越多的消费者选择通过直播平台了解和购买商品,市场规模不断扩大。全省已有电子商务示范城市2个(合肥、芜湖),国家级电子示范基地3个。安徽省的电商直播不仅涵盖了传统零售、服装、美妆等领域,还拓展到了食品、家居、数码等各类目且呈现出多样化的特点。

2. 融合新能源汽车等领域

安徽省在新能源汽车等领域具有显著优势。电商直播行业与新能源汽车等领域的融合,为电商直播带来了新的增长点。通过直播平台,新能源汽车企业可以更直观地展示产品特点,提升消费者对产品的认知度和接受度。同时,电商直播也为新能源汽车的推广和销售提供了新的渠道和模式。

3. 农产品直播带货活跃

安徽省是农业大省,农产品资源丰富。农产品直播带货成为电商直播的新亮点,不仅促进了农产品的销售和农民增收,还推动了乡村振兴战略的实施。通过直播平台,农产品可以直达消费者手中,减少了中间环节,提高了流通效率。同时,农产品直播带货也为农民提供了新的增收途径。

4. 老字号品牌创新发展

安徽省拥有众多老字号品牌,例如合肥詹记、黄山猴坑、宿州福佳等,这些品牌历史悠久、文化底蕴深厚。借助电商直播平台,老字号品牌得以焕发新的活力,实现创新发展。通过直播形式,老字号品牌可以更好地展现其独特魅力和文化价值,吸引更多年轻消费者的关注和喜爱。

5. 助力产业数字化转型

电商直播不仅推动了零售业的数字化转型，还助力了安徽传统产业的升级换代。众多企业借助直播平台，实现了线上线下融合，提升了品牌知名度和市场竞争力。电商直播为企业开辟了新的营销渠道，同时也带来了更精准的消费者数据和市场反馈，为企业决策提供了有力支持。

6. 助力乡村振兴

电商直播为乡村振兴提供了有力支持。通过直播平台，促进产业振兴，农村地区的特色产品和旅游资源得以展示和推广，吸引了更多游客和投资者的关注，从而拉动资金，促进经济发展。电商直播促进人才振兴，越来越多具有新思想、新理念的年轻人回乡创业，成为乡村发展的新活力。同时，电商直播也促进了文化振兴，直播加强了对农村地区非遗资源和特色文化资源的开发，并在新时代赋予其新的生命，打造出乡村特色产品和旅游方式，提升农村地区的知名度和形象，促进农村经济的多元化发展，为乡村振兴注入了新的动力。

二、安徽省电商直播产业的影响因素分析

安徽省电商直播产业近年来迅速发展，成为推动地区经济增长的重要力量。然而，产业的发展受到多种因素的影响。本书将对安徽省电商直播产业的影响因素进行深入分析。

（一）政策影响

政策环境对电商直播产业的发展具有重要影响。安徽省政府出台的一系列扶持政策，如财政资金支持、电商直播基地建设、产业对接平台搭建、扶持专业直播运营商等，并于"十三五"时期推进"电商安徽"建设，制定配套措施 22 项。领导小组推动出台《全省农村电商高质量发展三年行动方案》，对发展电商直播等新业态作出工作部署，对各县（市、区）组织开展农村电商产销对接、直播促销等活动给予资金支持，全省电子商务进入快速发展阶段。然而，政策的变化和调整也可能对产业产生不确定性的影响，需要产业内外密切关注。

（二）市场驱动

2023年8月28日，中国互联网络信息中心在京发布第52次《中国互联网络发展状况统计报告》（以下简称《报告》）。《报告》显示，截至2023年6月，我国网民规模达10.79亿人，较2022年12月增长1 109万人，互联网普及率达76.4%。移动互联网应用蓬勃发展，进一步覆盖网民日常学习、工作、生活。随着电商直播市场的不断扩大，竞争也日益激烈。各类直播平台、主播和商家都在争夺市场份额和用户资源。这种竞争推动了安徽省电商直播产业的技术升级和服务质量提升，但同时也带来了不确定性和风险。对于电商直播企业来说，如何在竞争中脱颖而出、保持持续的发展动力是亟待解决的问题。

（三）消费者需求

没有消费活力就没有电商市场，因此消费者需求是推动电商直播产业发展的关键因素。近年来，随着消费者购物习惯的改变和消费需求的多样化，消费者倾向于购买价格实惠和定制的产品，以及独具一格的服务，但是市面上现有的产品种类无法满足消费者的需求，因此他们对于个性化、多元化、互动性强、娱乐性强、社交氛围浓厚、低成本的网络购物方式更加青睐。现今懒人经济、娱乐经济的形成，驱动用户需求朝着简单、直接、轻松、低成本的方向转变。电商直播正好满足了这些需求，在今后的发展中，安徽省电商直播产业应及时抓住消费风口，迅速发展。

（四）移动通信技术升级

技术进步是推动安徽省电商直播产业发展的重要动力。从1G到5G，移动通信技术不断发展，推动媒介形式从文字到图片、再到视频不断发展变革，搭建了一个高维度的媒介社会。同时安徽省互联网基础设施完善，网络覆盖广，可以保证电商直播的流畅性，而先进的直播技术则让电商直播的画质、互动性、消费者的购物体验得到大幅提升，从而吸引更多消费者。流量费用的下降也是电商直播发展的重要原因。随着互联网、大数据、人工智能等技术的不断发展，电商直播产业的运营模式和服务方式也在不断创新。[1]

---

[1] 赵子忠、陈连子：《直播电商的传播理论、发展现状、产业结构及反思》，《中国广播》，2020年第9期。

三、安徽省电商直播产业发展存在的问题

（一）直播内容创新不足

在电商直播领域，内容创新至关重要。然而，目前安徽省的电商直播内容普遍缺乏创意和特色，直播卖品主要集中在美妆、食品和服饰等方面，开拓的新产品不多。内容质量参差不齐，部分主播为了追求利益，不顾直播内容的质量和深度，缺乏社会责任感并且带偏直播行业风气，影响行业形象。直播内容受限且较为单一，同质化现象严重，究其原因，首先在于直播门槛低，平台监管不足；其次电商直播竞争激烈，主播压力大，常常为了更快速抓住直播流量风口而选择跟风其他爆红主播；最后是MCN机构数量增加，所带来的创新模式雷同，造成主播与主播之间、机构与机构之间的同质化现象加剧。这就造成用户观看的体验感和满意度下降，阻碍直播经济行业的创新能力和水平，从而导致行业失去活力和竞争力。且大部分的直播产品独特性不强，用户忠诚度较弱，直播电商采用的话术和推荐方法类似，容易使受众审美疲劳，导致观众对于直播内容的兴趣逐渐降低，影响了产业的可持续发展。

（二）产品质量参差不齐

电商直播产业的发展离不开产品质量的支撑。然而，在安徽省电商直播产业中，产品质量参差不齐成了一个普遍存在的问题。一些商家为了追求利润，忽视了产品质量，主要表现为以次充好、贩卖"三无"产品、假冒伪劣、虚假宣传、夸大产品质量、雇用水军进行商品洗牌等，致使消费者对电商直播的信任度较低，导致消费者对于电商直播的购买意愿不强，并且部分直播带货的产品缺乏售后服务，造成消费者维权困难。[1] 这不仅损害了产业的声誉，也影响了产业的可持续发展。某主播曾因虚假宣传价格误导消费者被点名批评，其实主播"翻车"的近半数原因在于产品质量问题，表现在有的主播在直播间展示正品，在发货时却调虎离山发售残次品、有的主播为了获取更多利益鼓吹产品功效，营造砍价现场欺骗和诱导消费者下单购买所谓的符合质量标准的商品和食品。因此，现今要想持续稳定地发展直播产业，关键在于尽心尽责地为消费者选好产品。

---

[1] 徐梅：《直播电商发展中存在的问题及对策研究》，《技术与市场》，2022年第2期。

（三）法规监管缺失

电商直播产业作为一个新兴领域，具有多主体、实时性、跨地域等特点，给监管部门带来了一定的监管难度。在安徽省电商直播产业中，法规监管尚不完善，可能存在监管空白、执法力度不够、监管队伍专业性不强、监管主体分散、缺乏系统性综合协同监管体系、法律法规层级较低约束力不强等情况，导致一些不法分子利用漏洞进行违法、违规操作，造成一些乱象和风险，进而导致监督和执法困难。一方面，这些乱象在直播行业中主要表现为主播偷税漏税现象。另一方面，大量低俗、暴力和违法的不良内容在网络中传播，不仅会给观众带来不良影响，也会影响到社会秩序和道德观念。部分主播为了获取流量自编自导网络段子，引导网友参与，造成不良社会影响。比如某主播在 2024 年春节期间自编自导了一出戏并占据多个热搜榜单，传播广泛。经过几个月，公安机关才查出该事件为编造剧本的虚假视频，并对其所在公司作出行政处罚。

（四）供应链管理不完善

电商直播产业涉及多个环节，供应链管理的完善直接关系到产业的健康发展。在安徽省电商直播产业中，供应链管理存在诸多问题，如物流效率低下、产品供应链长、信息不透明、产业供应链资源未能整合、供应链风险难以识别和应对等。这些问题导致了商品流通不畅、产品和服务难以及时交付，影响了消费者的购物体验，无法满足消费市场需求，并且会导致资源的浪费和重复，从而增加生产成本。并且在安徽省电商直播产业中，技术支持水平普遍较低，无法满足高质量产业链运营的快速发展需求。一些企业在技术更新和升级方面投入不足，制约了产业的发展速度和质量提升，进而导致安徽省在电商直播产业中面临企业成本风险、品质风险以及交货风险等，最终造成其在全国直播产业中处于下风。

（五）人才短缺

安徽省电商直播产业正面临人才短缺的严峻挑战。目前，行业内缺乏具备专业技能和创新思维的高素质主播、短视频剪辑运营人员和高标准技术支持团队。究其原因，首先在于人才引进难，竞争激烈，与周边城市南京、杭州、上海相比，安徽省在直播产业发展规模、政策待遇、薪酬标准上相差稍大。其次安徽省的复合型尖端直播人才分布不均，主要集中在合肥，而其他市、县的数字技术和人才储备不够，这导致人才的不足和结构配置的不合理。最后，安徽省在电商直播人才培养上缺乏专项规划，表现在高校的人才培养和现实产业需求不匹配导致电商直播领域人才短缺。由于缺乏足够的人才储备，安徽省电商直播企业可能会在发展中受到制约。并且在多数平台中，出现了主播和平台流量的双层生态失衡，流量、收入向头部主播集中，形成了强者恒强、弱者恒弱的生态结构，"马太效应"明显。例如，安徽省的某些头部网红主播占据安徽省流量资源的绝大部分并且在创造经济价值方面位居顶部，以致外界商业资源向其过度倾斜，非头部主播只能在"马太效应"中挣扎，面临巨大的行业生存压力。

四、安徽省电商直播产业的发展策略

（一）直播平台打造

安徽省应鼓励和支持本地企业培育并孵化网红品牌和MCN机构，打造具有地方特色的电商直播平台，引入跨境电商和海外互动功能，丰富平台对外窗口和内容，避免直播内容同质化和庸俗化，从而提升用户体验。同时，加强与知名电商直播平台的合作，有益于学习对方直播模式运营，创新内容品质，拓展市场空间，提高双方平台曝光率，提升知名度，引入更多优质资源，实现平台之间的用户资源共享，建立高品质供应链，确保商品的质量和供应稳定，吸引更多忠实用户，从而提升经济效益，并推进电商直播平台所需的基础设施建设，包括高速网络覆盖、数据中心建设、5G网络布局等，为电商直播提供稳定、高效的技术支持，提升直播体验和用户满意度，提升安徽省电商直播产业的整体竞争力，让其在全国电商直播行业中处于领先地位。

（二）物流体系优化

物流是电商产业链的重要环节。安徽省要加快物流基础设施建设，选择交通和地理位置都优越的物流配送中心，这样可以与消费者之间构建稳定的配送关系，提高配送效率；构建覆盖全省、高效快捷的物流配送网络，实时追踪商品从仓库到配送的全过程，保证商品运输流程的精确度；配备先进的物流设备和管理系统，实现对库存的精准管理并且提高物流配送精准率；提供快速、安全的物流配送服务，实现一公里上门服务，加强与客户的沟通交流，优化退换货流程，减少物流纠纷，提高消费者购物满意度；与电商平台深度合作，推动智能物流、共同配送等新模式，提升物流信息化水平，有效降低物流成本，提升配送效率。

（三）加强平台监管

电商平台发展迅速，但电商主播与商家为了谋取利益和流量，对产品的质量缺乏一定审核和监管，而电商直播产业的产品质量直接关系到消费者利益和企业声誉。安徽省应加强对电商直播平台产品的质量和安全监管，建立健全产品质量追溯体系，确保产品质量和安全。同时，鼓励企业提升产品品质和服务水平，树立品牌形象，赢得消费者信任。市场监管局也要维持好电商直播平台的市场秩序，通过定期抽查、全面检测等方式解决电商直播中无序竞争、乱象频生的问题。电商平台作为消费者的购物渠道，对消费者有一定的购物风险责任，因此平台本身也应加强消费者权益保障机制的建立并发挥监管职能，对违法商家进行严厉打击，维护消费者利益。监管并督促平台制定网络直播营销管理规定和合约，核实、规范直播营销人员以及商家资质信息和行为，并实时巡查、核实直播营销内容，对违法、违规的营销行为给予弹窗警告、限制流量、暂停直播等处罚，对直播平台商品价格进行监控，防止恶意涨价，欺诈消费者，对平台商家产品广告进行审查，防止虚假宣传，误导消费者。总之，对平台的监管是营造诚信、安全的电商环境的必然举措。

（四）政府政策支持

电商直播作为一种朝阳型产业模式，对促进经济发展、人员就业等方面有着巨大影响。因此，安徽省政府应出台一系列针对电商直播产业的扶持政策，如财政补贴、贷款优惠、减免企业所得税和增值税、成立电商"电商扶持基金会"、建设电商园区等，以吸引更多企业投身电商直播领域，从而带动安徽省经济发展。同时，政府还应加强产业规划，履行监管职责，出台科学、全面的政策法规，维护好电商直播消费者的合法权益，引导企业有序竞争、健康发展。[1]具体项目应包含对跨境电商的支持，对符合要求的跨境电商企业和园区给予资金支持以助力其成长，优化电商发展环境从而培育和促进农村电商主体发展。

（五）人才培养与引进

电商直播产业对人才的需求旺盛，安徽省应重视电商直播相关人才的培养和引进。一方面，通过与高校、职业培训机构合作，开展电商直播专业技能培训，培养一批既可以利用大数据分析消费者需求和行为，制定精准营销方案，又懂通过社交媒体、短视频等渠道拓展营销渠道，运用虚拟现实、增强现实等技术提升直播互动性和趣味性以及直播内容创新性的直播专业人才。合肥积极采取措施，于2022年建立首家数字商务产业学院，创新打造校内生产性直播实训基地，让学生在校内就能参与"直播带货"。另一方面，改造相关文科数字化专业，设立"网络主播"本科专业，赋予主播以新的社会身份，达到职业"去污名化"效果。并且通过校企合作的方式，以直播项目为载体，将市场资源转化为教学资源，学生和导师进行实战，丰富实践经验。安徽省政府应鼓励MCN机构引进主播，对依法纳税的主播和机构给予引进补贴和人才奖励，并通过税收优惠、补助等方式支持电商直播品牌培育和专业化发展。这样将会吸引更多外地优秀电商直播人才来皖发展。

综上，未来安徽省电商直播产业将继续保持快速发展的态势，政策支持与产业升级将进一步推动电商直播产业的健康发展；技术创新与融合将不断推动电商直播产业的升级和变革；消费者需求变化将引导电商直播产业不断创新和优化；行业生态与可持续发展将成为电商直播产业的重要发展方向。安徽省电商直播产业在政策支持、市场需求和技术创新等多方面的共同推动下，展现出广阔的发展前景和巨大的潜力，将成为推动安徽省经济发展的重要力量。

---

[1] 臧程程、赵婷婷：《我国电商直播的发展现状、问题与规制路径》，《新媒体研究》，2021年第10期。

第十二章　安徽省动漫产业高质量发展策略

　　动漫产业是一种具有资金密集型、技术密集型和知识密集型特点的新兴文化产业，涉及的范围十分广泛，包括动画片，漫画书，与动漫形象有关的游戏、服装、演出等。在2014到2017年间，中国的泛二次元用户数量出现了快速增长，特别是在2018年之后，网络动画中的优质内容得到了更多的挖掘，动漫产业步入了稳定的增长阶段。安徽省动漫产业经过不断的努力和探索已取得了很大的进步，受文化娱乐行业大环境的影响，安徽省动漫行业正处在资金运营的高峰期，不管是相关企业的数量，还是融资的金额，都有了显著的提高。尽管安徽省的动漫产业的发展态势良好，但除了合肥和芜湖的动漫产业发展速度较快，具有代表性之外，安徽省其他地区的动漫产业整体仍存在许多问题，如何把安徽省的动漫产业做大做强，使之走上高质量持续发展的道路，正是本章探讨的主要问题。

一、安徽省动漫产业发展现状

（一）安徽省动漫产业发展背景

　　根据现有资料来看，近年来安徽省动漫产业随着行业标准的提高，核心创作者们也在不断地进行着创新和突破。他们在制作上精益求精，将科技和艺术完美地融合在了一起，在画面效果上有了很大的提高，同时在剧情设计上，也变得更加接近于人们的生活，一个个活泼可爱的动漫人物受到了观众们的喜爱和追捧。并且随着国家文化意识的觉醒，广大群众对优秀传统文化的认识日益加深，他们同样希望看到国产动漫的兴起，更希望在动漫创作中融入中国元素，弘扬中国传统文化。与此同时，国家有关部门相继出台了多项有关政策，安徽省也出台了相关扶持政策、优化投资环境等，多次组织动漫展会活动，将动漫产业纳入"861"行动计划和"1346"行动计划，为动漫产业的发展营造了一个很好的发展氛围，吸引了大批知名企业，较有代表性的是芜湖方特乐园。这是2007年深圳华强集团在此投资的一座大型动漫乐园，总投资额超过15亿元，是国家5A级旅游景区，还是中国现在最大的第四代主题乐园，它结合《熊出没》等热门动漫IP打造了各种各样的玩法，成为中国主题乐园行业的典范。

（二）安徽省动漫产业现状

近年来，随着国家和地方政府对动漫产业的扶持力度不断加大，安徽省动漫产业也迎来了蓬勃发展的春天，各类动漫企业不断涌现。安徽省动漫产业呈现出良好的发展态势，在传统动画的基础上，已经取得了一定的成绩，同时还对其他的一些新的内容进行了积极的探索。

首先，安徽省也有建设一些动漫基地，目前已建成的知名基地有合肥市原创动漫园、蚌埠新宇动漫产业园等。基地确立的运营主题正朝着更加专业化、细分化的市场方向发展。其次，安徽省自2007年以来，得到了国家新闻总局的关心和扶持，合肥、芜湖两个省级动漫产业基地的批准，使动漫产业得到了更大的发展。在安徽政府的大力推动下，两大国家动漫产业基地相继建成，截至2013年，安徽省共有300多家动漫企业，28家通过了文化部、财政部和国税总局的动漫企业认定，其中一家入选国家重点动漫企业，这一数字位列中部地区第一名、全国第五名。动漫基地建设发展较快。在合肥和芜湖这两座大都市建设全国动漫产业示范基地，将充分发挥各自的地理优势，以产权为先导，以基地为龙头，建设并形成动漫产业集群的格局。

经过多年发展，安徽省已经初步形成了一个从创作到制作，再到放映，再到教育和衍生的产业链。2014年，合肥市又启动了"国际动漫城"建设，将依托滨湖国家动漫产业基地和现有产业资源优势，着力打造大型动漫产业集聚区，融"动漫交易"于一体。2007年，安徽省动漫产业基地就已吸引投资超过15亿元。尽管如此，安徽省动漫产业基本上还处于初级阶段，生存活力不足，自身产业链的集约效率没有形成,单靠政府的保护仍不能解决根本问题。[1]

二、安徽省动漫产业存在的问题

尽管安徽省动漫产业总体上呈现出良好的发展态势,但是由于其发展中出现了许多问题,制约了它的发展,使得它一直处于"大"而"弱"的状况,具体表现为以下几个方面。

(一)传统影视动漫产业缺乏代表作

尽管安徽省动漫产业在过去的几年里已经有了很大的发展,但是,由于其起步较晚,基础较差,整体上仍然存在着一些问题。首先,动漫产品缺乏地域性的原创作品,没有正确的定位。长期以来,安徽省动漫产业发展缺乏品牌,很难看到有地方特色的动漫作品。与此同时,大多数动漫产品面向的还是那些低龄的儿童观众,不能与当前全球范围内的多年龄段、多层次等市场发展趋势保持同步。其次,只是重点培养动漫技术人员,很容易导致高层次的创意设计人才的缺乏。此外,大量的高层次人才向上海、北京、广东、江苏、浙江等地区流动,这对安徽省本土动漫的创新发展造成了很大的影响。最后,动漫产业的运作并不顺畅,各个环节都没有形成有效的互动。近年来,安徽省的动漫产业虽然逐步取得了良好的成绩,可是从整体上看,精品不多,在 2012 年认定的重点动漫产品中安徽省只有 1 部,与其他省份相比有一定的差距,且口碑与票房也不成正比。此外,在动漫产业的其他方面,安徽省在近几年来也进行了积极的、有益的探索,例如,现在已经建立起了动漫游戏基地,还有一些由动漫公司和移动通信巨头共同研发的手机动画,然而总体上还没有相关代表性作品问世,仍处于萌芽期。

(二)企业制作能力低下

安徽省有数百家动漫企业,但只有少数企业 1 年能够制作出百集以上的动画片。安徽动漫企业规模相对较小,相对于一线城市来说,它们的发展速度慢得多,想要扩张却又困难重重。例如,合肥多家动漫相关企业在其官网

---

[1] 王屹:《提升安徽动漫产业竞争力的途径研究》,《江淮论坛》,2016 年第 1 期。

上进行年度招聘，诚邀高素质动漫专业人士加盟，但都未能如愿。造成这种情况的主要原因有三个：一是公司的规模过小，薪酬过低，无法留住优秀的人才，多数高级人才倾向于选择北京、深圳、上海这样的大都市作为自己的发展之地；二是大学中对动漫人才的培养脱离了商业的轨道，创作能力低，不能适应商业的运营；三是政府的扶持力度不足，政府虽然免去了一些动漫企业三五年的租金、水电费，但是这种补贴远远不够，政府还需要加大对原创动漫企业的支持，并在动漫人才的培养方面给予资金支持。

安徽省动漫行业，尤其是动漫行业高层次人才的大量流失、动漫人才的素质低下等问题，已经成为制约其发展的一个重要因素。且安徽省动漫企业以中小型企业为主，规模不大。许多动漫公司并不以营利为目标，只是为了"补贴时间"，存在粗制滥造和同质化严重的问题。大部分动漫公司都是外包的，像《黑脸大包公》这样的原创动画，数量寥寥，还有不少动漫主题公园，都是由其他省份的公司来设计的。

动漫是一种创意行业，也是一种资本密集型行业，所以，它的创意投资有很大的风险，所以，安徽省动漫行业的整体运作水平不高，缺少优秀的人才和足够的运营资金，这会限制动漫制作的开发与创作。于是他们生产制造了一些低端的、粗糙的、模仿的产品，只能勉强维系公司的生存，并在很长一段时间里都处在"代工"的状态，带来的只有短期的经济利益。

（三）政府补贴缺乏针对性

尽管近几年安徽省已经颁布了一系列政策，大力发展动漫产业，但收效有限，仍存在着扶持资金总量不高、项目不多、扶持力度不大等问题。资金短缺、产业规模偏小、政府补贴偏低已成为制约安徽本土动漫发展的主要障碍，所以本土原创动漫需要政府的重点扶持。先前安徽省政府为动漫企业提供了3年的租金减免以及相关的动漫补贴，但这并不足以满足安徽本土动漫企业的需求，因为原创动漫的创作周期较长，投资较大，所以没有政府的大力扶持与投资，就很难维持下去。许多公司都没有心思去做自己的原创动漫，所以才会采取全部外包的方式，这就限制了国内原创动漫产业的长远、健康发展。政府支持、企业努力、原创队伍的组建，将会对安徽本土动漫的发展起到极大的推动作用。

从客观上说，安徽省的动漫产业发展相对滞后，政府对其扶持政策也仅仅停留在初级阶段，缺乏对安徽省动漫产业长期发展的前瞻作用和引导作用。而在动画创作初期及目前的发展计划中，对真正有创造力的人才的培养不足，在一定程度上影响了动画创作的健康发展及提高。虽然安徽省也出台了一些政策，对动漫产业进行了扶持，但并没有起到很大的作用，比如芜湖的动漫产业，就规定了一部在央视播放的动画只有100万元的奖金，而在国外票房达到200万元的动画，只有20万元的奖金。

（四）生存竞争压力大

动漫作为一种娱乐产业，有着巨大的市场和巨大的发展潜力，在全国都在提倡改变经济发展方式的情况下，很多地方都在大力支持动漫产业的发展，安徽省也成立了各种动漫公司，以此为契机，开始了动漫产业的发展。但是，和北京、上海等地存在的较大差距，直接制约着安徽省动漫产业的发展，加之创意公司实力薄弱，急需组建一支原创动漫产业队伍，以便针对动漫观众的需求，研发出适合各年龄段、各层次的动画作品。

此外，原创动漫的设计，需要对市场的需要进行深入的研究，如果一个作品不符合市场的需要，就会过早地死亡，比如2009年合肥黑马动漫技术有限公司发布的《黑马歪传》，就是因为不符合市场的需要而被终止。我国对动漫产业的发展十分重视，动漫产业是我国经济发展的一项重要支柱，也是我国经济发展的新增长点。在美国，动漫已经是六大支柱产业之一。日本的动漫产业，在产值上已超越了钢铁和其他工业，排在了旅游之后，成为第三大经济支柱。[1]

在全球化特别是美日动漫文化的冲击下，相比于美国、日本，安徽省起步比较晚，它不但要面对美国、日本等具有国际影响力的知名品牌的挑战，还要面对方特动漫、奥飞娱乐等国产动漫公司的挑战。这些动漫企业不仅有很好的发展环境，而且在发展、创意、营销、宣传等方面已经非常成熟。对安徽省的动漫企业来说，突破难度较大。

---

[1] 任新新：《中国动漫产业现状及发展策略分析——以华特迪士尼公司为例》，硕士学位论文，北京交通大学，2015年。

三、安徽省动漫产业的发展策略

（一）提高企业的动漫产品创作品质

1. 提高产品品质，才能赢得市场

动漫界有一句话叫"内容为王"，即一部作品自身的内容决定了一部作品的成败。[1] 安徽省的动漫影视产业运行体系比较成熟，在最近几年中，它的发展也呈现出不断增长的势头。与此同时，影视动漫作品的受众可以将其分为多个层次，从儿童到成人，在不同的人群中，都可以找到一种特殊的动画类型，具有很大的创作空间。只要有一个良好的故事结构，再加上适当的沟通营销，甚至连2D动漫都可以闯出一片天地。有了优秀的作品，就有了广为传播和后续发展的可能性。但由于动漫产业的投资回收期较长，使得国内大部分动漫公司很难承担较高的运营风险。而安徽省本土动漫企业的实力相对薄弱，这一点尤为突出。因此，我认为安徽省动漫产业的未来发展应当是大势所趋。通过与别人的合作，在动画制作、发行、产业链延伸等方面，持续地对自己的一系列相关经验进行改进和提高，为提高作品的质量、寻找合作的资源和对象打下了坚实的基础。

我们可以和国内开展得比较好的动漫企业进行合作，从别人的故事构思、故事情节的呈现、画面的制作等方面进行深入的研究。同时，要和国内知名的漫画家、网络游戏出品方、畅销书作家，或者是其他拥有可以改编成电影和动画的作品的作家们建立联系，通过他们的影响力，可以形成一条完整的产业链。以一个宽广和长远的眼光来看待这个市场，同时要把握时机，将漫画、图书、游戏甚至真人电影与动漫进行有机融合，由于这些作品本身就有一定的受众，所以改编的风险也相对较低。不过，合作的时候也要谨慎，不要急于一时，考虑到安徽动漫电影公司自身的制片实力以及在业内的影响力，一开始未必能获得全部的版权，因此，如果能获得一小部分的版权，并且将其做成精品，也是一种提高知名度的方法。

此外，可以更多地寻求与安徽外乡名人的合作，这种方法成功的可能性是比较大的。最重要的就是要加强全省动漫企业之间的协作，充分利用地区

---

[1] 王丹：《中国动漫产业现状与发展策略分析》，《改革与战略》，2014年第1期。

集聚的优势，提高整体的创新营销合力。根据具体类型建立动漫影视协会，要对动漫影视行业的不同领域进行细分，在分工的基础上，要注意构建内部联系的系统，不能与之相脱离，在进行企业之间的合作的同时，还要加强与各种协会之间的联系。同时，企业也可以通过社团的形式，与当地的文化、体育、经济等产业进行互动，从而更容易达成合作。

2. 提高创作品质，突出个性

动漫企业在合作的时候要注重自己原创作品的开发，对于自制的电影，不但要有较深刻的主题内涵，还要有较高的美术水准，以及更为精细的剧情结构。要做好一部原创，必须要有一支高质量、高效率的创作队伍，这并不是一个简单的工作。[1]因此，我认为有一个方法比较快捷，就是从已有的成功案例中找到自己的创作方向。这种捷径不是浅层次的抄袭，那是一种毫无意义的复制行为，不但得不到市场，而且口碑也会一落千丈，不利于公司长期的发展，因此，动画公司需要做的是研究。比如，面对一部优秀的动画作品，我们不能只是简单地借鉴它的人物设定或内容，更应该搞清楚它从无到有的创作过程，也就是一部作品的创作思路。举个例子，如果我们想要做一款游戏，那么首先就应该给这个游戏赋予一定的特点，然后思考它是为什么样的人群而设计的，它是用什么的方式来表达的，它的逻辑是什么，有哪些值得借鉴的地方，或者有没有更深一步开发它的主题思想的可能性。

同时，引进外省动漫影视作品也可以给本省动漫领域带来了更多的发展机遇，如一些大型企业和动漫展览在安徽本地举行，就为企业提供更多的展示和交流的机会。与此同时，我们还应该注意到某些优秀动画作品所具备的技术创新特性。一个故事的技术表达在画面的呈现上有很多的形式，就好比我们有2D动画还有3D动画，在追求精制画面的同时，还要学会找到适合该作品的表达方式。这些都是一部动漫作品成功的关键。其次，在这一过程中，对于合适的动漫作品，可以运用一些新的表达方法，比如水墨画动漫等。这种有创意的动漫，很容易引起电影和电视动漫界的注意。企业在进行自己的

---

[1] 陈劼：《厦门动漫游戏产业的现状调研与发展策略研究》，《大众文艺》，2019年第11期。

创作时，应注意选用具有时代气息的主题，并采用独特的表达方法。最后，公司也要有对市场的敏锐意识，以发散性的思维去看待动漫创作和人们生活的关系。重点对观众关注的进程进行分析，找出机会，从而更容易开发出具有时代感和社会热度的动漫作品。

（二）利用新媒体提高知名度

随着时代的进步，新媒体将成为社会传播的主旋律，数字媒体目前开展速度快、覆盖面广。在这样的环境下，频道优先、内容为王，是新媒体动漫成功的重要因素。新媒体不仅提供了新的内容发布平台，还提供了新的分发渠道，与传统媒介的"被动式"相比，它更多的是"主动式"。[1] 随着网络技术的发展，全球经济一体化的进程加速，各种社会化媒体应运而生。这对动漫行业的发展和创新起到了很大的促进作用，同时也为动漫在新媒介环境下的传播提供了很好的条件。因此，随着互联网、智能手机等新媒介的不断涌现，动漫成为人们接触外界最直接的媒介，现如今也有越来越多的人通过互联网看漫画、看动画、打游戏等。

同时，新媒介的宣传方式变得更加多样化，通过社会媒介中的口耳相传来做广告，可以大幅减少宣传费用，并可以扩大受众面，从而显著增强动漫的市场营销效果。新的媒介渠道使动漫影片的流通时间得以延长。新媒体即时、互动、融合等特性在进入移动互联网时代后，可以为动漫作品的传播活动开辟更加多元化的媒介渠道，使动漫信息内容传播的便捷性不断提高，我们也可以将动漫中的创新元素与新媒体相融合，使动漫的内涵更加丰富，提高动漫的价值，并将传统动漫与新媒体进行创造性的融合，开辟动漫产业新的发展道路。

做好对新媒体动漫发展的指导和支持工作。从影视动漫角度来看，有了更多的交流渠道，自然也就有了更多的内容。而一些用新媒介作为传播载体的动画，很容易就能得到很大范围的传播。比如，我们手机上经常推送的一些短视频或者简短的小漫画，往往都是打工人百忙之中可以快速得到放松的娱乐方式。也正是因为它们能够捕捉到一些社会热点，并有助于人们用自己特有的方式来解读，所以往往能够引起各类人群的共鸣。因此，我们要把握

---

[1] 李慧：《"互联网 +"时代我国动漫产业现状分析与创新发展策略探究》，《创新创业理论研究与实践》，2021 年第 3 期。

好新媒体这个发展机会，充分利用其传播范围广、受众群体突出的特性，运用多元化的优势，在这一领域积极地进行探索。

（三）进行市场营销宣传

动漫影视作品想要拥有自己的品牌，还要有很高的品牌效益，其最为重要的一点就是要有好的动漫作品。除此之外，还需要加上准确而有力的市场计划，还要有产业链的不断发展策略与全面能力的协同方案。比如，如何提高知识产权的保护水平，最大限度地提高信息的传播和媒体的覆盖面，最大限度地提高经济效益。[1]之前提到新媒体技术的支持也使得动漫产业营销传播策略更加丰富多元，营销策略的针对性和整合性大大提高，很大程度上提高了我国动漫产业的营销传播水平。新媒体丰富了动漫产业营销手段，互联网的多元化发展，为新媒体时代的动漫产业营销提供了更为广阔的平台。

我们可以先制定相关的营销策略，首先要把动漫周边产品的品牌知名度提高。比如可以直接和制造生产商沟通，先打造出属于品牌的特定动漫产品，以青少年之外的其他年龄群体为主要攻略对象，目的是让他们对我们的动漫品牌先有一定的接触和了解，从而使其接受并认可动漫品牌，这样就可以进一步拓展我们的消费市场。其中问题的关键在于怎样利用广告的方式，让更多的人去接受我们动漫的产品和品牌。可以从尝试在社区里开店开始，吸引孩子的目光，让他们的父母愿意为他们买东西。在此基础上，逐步形成一个较大的品牌，并向安徽省周边区域拓展，以达到品牌效应的目的。

在对动漫作品营销开发的过程中，必须重视知识产权、委托代理等问题，制定一套较为系统、完备的操作规范。[2]尽管这并不能杜绝侵权行为，但是对于知识产权保护来说，也能显著减少潜在的漏洞。同时，营销计划需事先做好相关工作，并尽可能早的开展。要有鲜明的题材和特点，要有宣传员和制片员配合沟通、无障碍交流，使动漫作品的思想走进市场，而不只是一些情报来源。同时，在后续的产业链发展中，也要注意多元化。尤其是一开始

---

[1] 吴曼聆、蒋松奇、刘敏祎等：《浅谈中国动漫产业供给侧发展现状及应对策略》，《中国商论》，2020年第11期。

[2] 李爽：《当代中国动漫衍生产品开发现状及发展对策研究》，硕士学位论文，陕西科技大学，2013年。

没有赢利的时候，可以更多地选择开发服装、玩具、文具等种类的动漫衍生品。然而，当我们看到一部动漫作品受到的关注越来越多，它的影响力越来越大时，就必须要做出其他相关措施，比如做一些与作品有关的有声书或游戏等，来进一步提高知名度。

（四）政府加大关注力度

1. 整合企业资源要素

对于任何一个优秀的影视动漫项目来说，在前期的制作上，都需要投入很多的资金，并且回报周期也会很长。所以说在早期的动漫制作阶段，如果没有充足的资金投入，那么后期想要扩展品牌的价值链就会很难。为此，国家应该加速构建动漫影视产业的融资平台，发展多元化的融资和担保机制，鼓励私人资金投入等。

首先，企业要重视市场细分，提高作品创新能力。目前，作品的创新主要集中在少量的主题创新上，但动漫的内容相对匮乏，大多是例行公事，缺乏创意精品内容，因此要加强创新。其次，动漫相关企业要转变创作方式，积极合作，开展多平台、多类型、多形式的开发制作。最后，企业也要利用新媒体平台，积极探索多种收入渠道，对整个产业链有足够的认识，积极开放 IP 全产业链运营。在人才资源建设方面，应进一步完善教育体制，将教育实践内容与企业需求的时间进程联系起来，增设实践类课程，为校企双方搭建一个良好的合作平台。在人才培养方面，有关部门应制定更多的优惠政策，尽量多引进优秀的人才，尽可能地把本地的人才留住。对于能力欠缺的中小型企业，需由政府主导与整合。现在很多公司都在做电影和动漫，他们都是冲着电影和动漫的未来去的，当然，也有一部分人是冲着政府的政策来的。对于长期没有突破或业务开展的小企业，一般情况下，都是由国家"养活"的，国家可以对它们进行引导，或者对它们进行整合，让它们与其他公司进行合作，形成共同的优势，让它们之间的关系变得更加紧密。

2. 加强完善相关的政策措施

第一，加强对动漫作品的知识产权保护。动漫内容的版权保护是新媒体动漫发展的关键问题。为此，国家应该加强对侵权行为的治理，提高侵权行为的成本，同时也要加强对动漫企业的保护。要进一步健全对知识产权的评价体系，对其权利的具体内容、使用条件、具体性质、惩罚措施等进行界定。要有专业人士对国内外有关知识产权的事件进行研究和分析，不断完善相关法律法规。

第二，为区域之间的交流和合作搭建更多的平台。开展地区合作，不仅要靠企业，还要靠政府来发挥作用。由当地政府作为一个区域的代言人，在与其他区域进行合作时，既要注重对影视动漫行业的扶持，又要帮助相关的协会举办一些大型的展览和交流活动。

第三，鼓励和支持动漫相关领域的研究。从目前的情况来看，安徽省动漫行业的理论性研究还很薄弱，没有对具体的问题进行针对性的研究，也没有进一步探讨其中的深层次问题。这不仅要求学者有学术上的自觉性，而且还要求政府采取激励措施，例如提供相关的资料和奖励。

综上，无论在什么时代，创新永远是动漫产业的主流。动漫要以内容的增值为核心，来体现产业的价值。随着数字技术的进一步发展，动漫制作在技术应用上要进一步创新。从发展阶段来看，全球正在进行新一轮的动漫制作产业升级周期，而动漫产业数字研发和使用AI等新技术是必然趋势，未来的动漫产业必将借助这种新型的创作方式，从提高视觉效果稳定性、增强与观众的互动性、更精确地捕捉运动细节等方面入手，制作出更出彩的动漫作品。此外，数字技术也决定了动漫产业的未来走向，安徽省动漫产业如果能抓住这一契机，必将迎来高质量发展的春天。

第十三章　安徽省数字游戏产业高质量发展策略

随着科技的不断进步和社会的快速发展，数字游戏在中国市场呈现出蓬勃发展的局面，数字游戏形式新颖、文化内涵丰富，其发展将在提升人们的文化认知和多元文化交流方面发挥重要的作用。[1]作为中国游戏行业的重要组成部分，数字游戏在市场竞争中展现出了自身的特色和优势，安徽省的人口规模、经济实力以及游戏市场的消费潜力较高，文化底蕴深厚，丰富的历史和文化资源为数字游戏的开发和传播提供了充足的素材和创意，其市场发展蕴含着巨大的潜力。本章主要从产业结构、市场培育以及政府政策支持等方面探讨安徽省数字游戏产业的高质量发展策略，以期提升安徽省数字游戏企业的技术实力和创新能力、增强游戏产品的核心竞争力，从而带动相关产业链的可持续发展。

一、安徽省数字游戏产业的发展现状

（一）安徽省数字游戏产业概述

本章对安徽省数字游戏市场的情况、特点、影响等方面进行分析论述。作为全国数字游戏市场的一部分，安徽省数字游戏市场在近年来的快速发展引起了广泛关注，因此对其进行深入剖析和研究具有现实和理论意义。

---

[1] 何威、李玥：《2020年中国数字游戏研究述评》，《文艺理论与批评》，2021年第3期。

首先，从市场规模来看，安徽省数字游戏市场不断壮大。数字游戏成为今年第二季度国内文娱市场业绩增长的主要推动力量，其中安徽省市场增速更是高达 60% 以上。数字游戏作为一种全新的文娱形态，已经逐渐成为一种重要的文化消费产物，是数字文化市场不可或缺的一环。

其次，从市场特点来看，安徽省数字游戏市场的主要特点是具有市场影响力的游戏公司和游戏产品数量众多。它们以独特的运营模式、游戏玩法和技术特点，在安徽市场上吸引了大量的用户，并创造了丰厚的商业利润。同时，安徽省数字游戏市场在产品多样性、玩家群体、游戏特色等方面也有一定的特点，这对于数字游戏企业的进一步发展有着重要的指导作用。

最后，从市场影响方面来看，安徽省数字游戏市场的迅速发展不仅直接带动了大量相关产业的发展，如游戏开发、广告投放等，也为相关产业的变革和创新带来了巨大的推动力量。在文化传播方面，数字游戏已经成为人们了解安徽的一个窗口和一种方式，成为传达安徽省文化内涵和价值观念的重要途径。

（二）安徽省数字游戏的发展阶段

安徽省数字游戏的发展历程可以分为三个阶段：起步阶段、快速发展阶段和持续发展阶段。在起步阶段，数字游戏的发展主要受到技术和政策等方面的限制。20 世纪 90 年代末，随着网络技术的发展和政策的放开，数字游戏市场开始有所发展。在快速发展阶段，数字游戏市场呈现出高速增长的态势。游戏类型也开始多样化，包括网络游戏、单机游戏、手机游戏等。2010 年前后，安徽省数字游戏行业迎来了井喷式的爆发，游戏产值快速增长。同时，数字游戏开发企业也迅速崛起，安徽省数字游戏产业开始形成自己的特色和优势。安徽省游戏经过多年的发展，已经取得了一定的成绩。其中最重要的因素是政府的支持。通过政府的支持，安徽省能够吸引更多的游戏企业进入该行业，并以全面发展的方式提高其技术能力和市场竞争力。在持续发展阶段，数字游戏市场进一步成熟和完善。新技术、新应用的不断涌现和消费者需求的日趋多样化都推动了数字游戏行业的进一步发展。同时，政策也逐渐趋向规范化，数字游戏市场逐渐向健康、规范、可持续的方向发展。但是，安徽省数字游戏的发展仍然面临一些问题和挑战。首先，游戏市场竞争激烈，游戏产值增长速度放缓。其次,游戏产业链仍然不够完善,研发能力和技术创新仍然较弱。最后,由于游戏行业的特殊性质,数字游戏的文化、教育、社会等影响也需要进一步研究和探索。

在安徽省的游戏发展历程中,我们可以看到几个重要的节点。第一个是20世纪90年代末,当时安徽省政府开始支持本地游戏行业,鼓励本地开发者开发游戏软件。第二个节点是21世纪初,这时候国内游戏市场开始迅猛发展,安徽省的数字游戏产业也得到快速发展。第三个节点是2018年,安徽省政府出台了《安徽省支持数字经济发展若干政策》,游戏产业开始逐渐成为重点产业。安徽省游戏产业发展的重要优势是地理位置。安徽省是长江中游地区的一个省份,有发达的工业和农业,拥有人力资源优势。安徽省还拥有丰富的文化遗产和旅游资源,这在游戏创作中有很好的应用。在安徽省的游戏发展历程中,也有一些问题和挑战。首先,安徽省的游戏企业大多数是中小型企业,缺乏资金和技术支持。其次,安徽省的游戏企业在游戏品质和创新性方面与一些国内游戏企业相比还有较大差距。最后,安徽省的一些游戏企业还没有明确的战略定位,需要更好地整合资源并明确市场方向。

(三)安徽省数字游戏产业的现状分析

安徽省游戏市场也较为活跃。综合统计数据显示,安徽省的游戏市场2019年的收入达到了260亿元,其中手游市场占比为60%,而网游市场占比为40%。而截至2020年年底,安徽省的游戏收入达到了310亿元,同比增长了约19.23%。其中,手游、端游以及网游市场都有着不俗的表现,尤其是手游市场占据了主导地位,增长率更是高达18.4%。在安徽省拥有众多游戏爱好者,截至2020年年底,全省的游戏玩家数量已经达到了3 400万人。这些数据表明,安徽省游戏市场规模巨大以及手游市场在整个游戏市场中占主导地位。在安徽省的游戏市场中,手游的用户规模最大,这与移动终端的普及程度密切相关。多数玩家选择使用手机游戏来消磨空闲时间和增强娱乐体验,这也为手游市场带来了巨大的商业价值。在手游市场中,受欢迎的游戏主题以角色扮演、策略、卡牌等为主,这些类型的游戏相对来说更具有趣味性和互动性,也更符合玩家的需求。数据显示,截至2019年年底,安徽省游戏市场规模达到了110亿元,其中手游市场占了很大比重。安徽省游戏市场的蓬勃发展与社会的快速发展密不可分，游戏产业将伴随科技进步与人们休闲需求的提高而不断壮大。目前，安徽省游戏市场主要依赖手游类游戏，这样的市场占比较大，让人们看到了发展潜力。但同时市场上的手游类游戏重复度较高、用户黏度较低、竞争过于激烈，这也对新游戏研究与开发提出了更高的要求。

除了手游市场，安徽省的网游市场也在不断发展。随着互联网的不断普及，网络游戏在全国范围内的市场持续增长。和全国龙头市场一样，安徽省的游戏市场快速扩大。根据最新的数据，截至2021年年底，安徽省手机游戏用户量达到1.7亿，并且还在以每年15%以上的增速持续增长。从玩家的年龄来看，大部分的游戏玩家年龄在18岁到30岁之间。从性别分布来看，男性玩家数量较多，但女性玩家数量也在逐年增加。此外，从地区分布来看，合肥市是安徽省游戏市场的主要消费城市，其他地区的玩家数量也在逐年增加。在安徽省游戏市场中，IP游戏是最受欢迎的游戏类型之一。其次是SLG游戏和竞技类游戏。对于国外游戏厂商，他们的产品在当地市场的表现也非常不错。而游戏玩家在游戏中的消费也是非常可观的。从个人消费来看，平均每个玩家每月消费金额在100元到500元之间。同时，在各个游戏中，"氪金用户"的消费金额更高。从整体消费来看，安徽省的游戏市场年消费额已达150亿元，而且还在继续增长。在网游市场中，新游戏的发行速度相对较慢，但是成熟的游戏产品仍然拥有很多忠实的玩家群体，这些游戏大多为多人在线角色扮演类游戏。另外，随着VR技术的不断进步，VR游戏也开始进入玩家的视野，尤其受到了资深游戏爱好者的青睐。

总体来说，安徽省的游戏市场呈现出良好的发展势头。但是，也存在一些问题。比如，游戏产品质量不高，缺乏创新，导致市场竞争激烈。而且，游戏产业的不规范发展也会不利于整个行业的健康发展。数据分析表明，同质化和低质量游戏是市场中存在的主要问题，这也是安徽省游戏市场的玩家流失的根本原因。如何推动游戏市场创新发展，让玩家体验到更多独特的游戏趣味，成为当前安徽省游戏市场的一大难题。从市场的角度来看，安徽省游戏市场市场化程度不够高，缺乏成熟的市场运作体系。此外，游戏开发者与玩家之间的反馈机制不完善，导致玩家的需求无法得到及时回应与满足。因此，必须加强游戏市场运作体系的建设，完善游戏开发者与玩家的沟通与反馈机制，让玩家和开发者建立更加紧密的联系。

由此可见，安徽省游戏市场的发展表现出以下几个特点：首先，手游市场占据了游戏市场的主导地位，这与移动终端的普及程度密切相关；其次，多款主题鲜明的游戏受到了玩家的青睐，策略、角色扮演、卡牌等成为玩家偏爱的游戏类型；最后，虽然新游戏的出品速度相对较慢，但成熟的游戏产品仍吸引了大量的忠实玩家，特别是多人在线角色扮演类游戏。随着VR技术的不断完善和深入推广，VR游戏将会崭露头角。未来还会有更多的游戏形式涌现，如云游戏、区块链游戏等，这些新形式和新技术可能会为游戏行业带来巨大的变革和机遇。同时，游戏开发人才的需求也将不断增加，对于游戏行业来说，吸引和培养优秀的游戏开发人才将变得更加重要。此外，游戏行业在发展过程中也会面临一些挑战。游戏产业规模的不断扩大也意味着对游戏的监管和管理变得更加重要。游戏中暴力、色情、赌博等问题也需要引起足够的重视。此外，游戏行业的商业模式也需要不断创新和完善，以满足玩家的需求和市场的变化。

二、安徽省数字游戏产业的特点和存在的问题

（一）安徽省数字游戏产业的特点

1. 市场竞争激烈

随着国内外知名游戏厂商在安徽省开设分公司，数字游戏市场呈现出高速发展的趋势。为争夺市场份额，各大企业为数字游戏产品的研发投入更多的人力和物力，游戏品质和内容也得到了较大程度的提升。同时，市场竞争也促进了文化、科技和商业环境的协同发展，进一步推动了数字游戏产业的壮大。

2. 游戏类型多样

随着游戏玩家需求的增加，安徽省数字游戏的类型也愈加多样化。除了传统的卡牌、休闲、角色扮演等类型，还涵盖了射击、竞速、策略等多种游戏玩法。同时，数字游戏还逐渐融入了增强现实、虚拟现实等技术，丰富了游戏体验。这些不同类型的游戏，吸引了不同层次、不同需求的玩家，形成了良好的市场氛围。

3. 文化氛围浓厚

安徽省历史悠久，文化底蕴深厚，数字游戏的开发和运营，更注重对文化传承的引领和挖掘。以安徽名人、风景、景点为主题的游戏层出不穷，更展现了安徽省丰富的文化内涵。这种在数字游戏中积极传承地方文化，既提升了游戏的文化价值，也弘扬了社会主义核心价值观。

4. 研发创新水平高

随着人工智能等先进信息技术的不断涌现，数字游戏也在不断突破和创新。安徽省的数字游戏企业，不断推出各种引人入胜的游戏，领先技术更是在行业中引领潮流。同时，对游戏体验的优化和用户体验的重视，也成为安徽省数字游戏研发的重点。

总之，数字游戏是当今社会中最为流行的游戏类型之一。随着互联网和移动设备的普及，数字游戏的市场日益扩大，数字游戏已经成为一种重要的文化消费和娱乐方式。安徽省作为一个数字游戏产业发展迅速的省份，其数字游戏行业产品多样化、竞争激烈、文化底蕴深厚、技术水平先进，这些特点不仅反映了安徽省数字游戏行业的优势和发展潜力，也为未来的数字游戏发展提供了更多的可能。

（二）安徽省数字游戏产业存在的问题

安徽省数字游戏产业当下还面临诸多严峻挑战，影响着地区经济发展。下面通过分析和研究这些问题，对其成因和现状进行深入探讨。

1. 市场环境面临挑战

数字游戏市场环境十分复杂，竞争激烈。安徽省数字游戏产业与其他省份相比缺乏市场竞争力，这主要是由于市场规模小、产业内部缺乏协作、产品质量不高等原因。需要加强与相关产业链的联系，提升产业竞争力。大众对于数字游戏的认知度不够，未能形成强烈的需求，导致数字游戏产业面临市场饱和和竞争加剧的风险。数字游戏市场的发展需要大量的资金投入，但是安徽省对于数字游戏产业的资助并不足够，资金缺口使得数字游戏企业难以发展，加上银行贷款的门槛较高，资本的引入也比较困难。

2. 游戏人才匮乏

首先，数字游戏产业是一个高技术含量的产业，需要具备较高的技术水平和创新能力的人才。但是，在安徽省数字游戏产业已经成熟的城市中，人才数量和素质相对较低。因此，应该加大对数字游戏产业技术人才的吸引和培养力度，提升其核心竞争力。其次，数字游戏产业对于人才的需求量较大，但是游戏产业在安徽省的发展尚未完全成熟，缺少相关专业或课程设置，导致游戏人才不能得到专业的培训，难以满足游戏业的需求。再次，很多游戏人才需要得到高水平的教育，如计算机科学、数学、物理等，这些科目的教育需要严谨的教学体系和优质的教育资源，但是安徽省的大学和中学普遍缺乏相关的课程和师资力量，在培养游戏人才方面存在一定的瓶颈。最后，安徽省的游戏文化氛围也不够浓厚，对游戏产业的认知和支持度不高，尤其是与其他地区相比，安徽省的游戏产业起步晚，社会对游戏的认知和理解度有所不足。这一方面导致大众对游戏行业的认可度不高，另一方面也降低了投资公司进入安徽省游戏市场的热情。

3. 版权保护不足

未经授权的游戏下载和分享等行为，已成为数字游戏产业盈利的主要障碍之一。一方面，安徽省游戏产业发展尚不成熟，游戏开发商技术水平有限，缺少自主创新，依靠抄袭和借鉴他人作品，致使优秀游戏作品产出不足，也给游戏版权保护带来了相应的难度。另一方面，安徽省对游戏版权保护工作的重视程度不够，版权意识淡薄，制度建设不够完善，游戏版权保护法律法规落后，监管措施不健全，导致游戏版权保护工作难以有效实施。

4. 政策支持不够

当前数字游戏产业是国家重点发展的战略产业之一。安徽省数字游戏产业需要得到政府政策和资源的支持，才能够更好地发挥其作用。但是，安徽省的游戏产业规模相对较小，缺少足够的投入。与其他沿海地区相比，安徽省的游戏产业仍处于起步阶段，没有形成完整的产业链。这就导致运营商面临着资金、技术、人才等方面的困难。政府缺少对游戏产业的扶持,导致企业投资困难,并且无法引进更多的投资者和游戏企业。

5. 企业压力较大

新技术的出现不断地刷新着游戏的体验,传统游戏平台面临互联网运营商强势崛起的压力。数字游戏开发团队需要跟随技术的步伐迭代优化游戏、提高竞争力。一些规模较小的公司无法承受技术上的压力,走向消亡是必然的。

安徽省数字游戏发展的问题表现在行业内生态环境不够优化、人才缺乏等方面。由于国家对于数字游戏产业的管理较严格,行业内有许多限制和规定,如实名认证制度、游戏内容审批等。[1] 这使得安徽省数字游戏产业环境优化不够,一些企业难以得到恰当的支持。同时,安徽省缺乏高素质的数字游戏人才,这也限制了安徽省数字游戏产业的发展。

三、安徽省数字游戏产业的发展策略及未来趋势

(一)安徽省数字游戏产业的发展策略

数字游戏产业是当前信息技术发展的热点之一,对于促进经济的发展和提高人民精神生活水平具有重要意义。关于安徽省数字游戏产业发展的措施,主要从以下几个方面进行分析。

首先,政策扶持措施是促进数字游戏产业发展的基础。安徽省应制定有针对性的政策,如加强税收优惠政策、鼓励企业创新发展、提供金融支持等,以支持数字游戏产业的健康发展。政策的发布不仅可以为数字游戏产业提供资金支持,更能为企业提供可预期的政策环境,激励企业发挥创新潜能。

其次,在技术方面,随着5G技术的普及、人工智能、虚拟现实等技术的日益成熟,数字游戏的表现力、互动性,以及美术、音乐等方面将更加丰富和多样化。这将带来更加刺激、更加有趣、更加真实的游戏体验,同时也会为游戏的盈利模式带来新的可能性。技术创新是数字游戏产业发展的核心。

---

[1] 何威、张圣林、张羽莎:《数字游戏的现在与未来》,《鸭绿江(下半月版)》,2019年第1期。

第十三章 安徽省数字游戏产业高质量发展策略

为了适应市场进行技术研发,数字游戏企业应注重研发技术、提高技术研发水平和加强行业技术创新的共同性。在技术上,可以研发新型的移动游戏应用、增强实时交互性和提升游戏画质等,以此扩大用户群体。此外,该产业应该加强与数字化技术的合作,借此拓展游戏应用场景,形成更高品质的游戏产品。

最后,在市场方面,数字游戏已经成为人们生活中必不可少的一部分。越来越多的人选择通过游戏来缓解压力,放松心情,这也使得数字游戏市场不断扩大。而且,随着全球数字游戏市场的开拓和融合,发展海外市场将成为数字游戏企业的首要任务之一。因此,数字游戏将成为未来的一个重要的国家发展战略。市场营销策略是数字游戏产业发展的重要组成部分,数字游戏企业应该积极与用户互动,根据用户需求,推出符合市场需求的产品。同时,企业应该制定个性化的市场营销策略,如拉力赛、电竞比赛、促销活动等,吸引更多用户参与和使用。

同时,数字游戏的社交化也是数字游戏发展的趋势之一。随着社交媒体、虚拟社区等互动平台的发展,数字游戏将开始渗透至社交领域,社交关系将成为数字游戏用户的重要需求之一。此外,数字游戏还将继续探索新的盈利模式,如虚拟物品交易、游戏视频直播等,这些新的盈利模式加速了数字游戏产业的发展。

安徽省数字游戏发展的未来充满了无限可能。数字游戏将在技术、市场和商业模式等多个方面持续创新和突破,从而满足人们不断增长的游戏需求,而数字游戏产业的快速成长也将对安徽省的经济发展和文化建设作出巨大的贡献。因此,加强数字游戏产业的发展,出台相关的政策并营造良好的市场环境,将是一个非常重要的任务。加强数字游戏产业的发展,需要政府、企业和社会各界共同努力,形成多方协作的局面。政府应该制定相关的政策措施,为数字游戏产业的发展提供有力的支持和保障,包括对数字游戏企业的优惠政策、知识产权保护、人才引进等方面的支持。未来的数字游戏发展趋势表现在:国家对文化产业的支持力度越来越大,数字技术的应用越来越广泛。其中,安徽省数字游戏产业在未来将处于快速发展阶段。随着5G和云游戏等技术的不断发展,数字游戏也越来越融入人们的生活。这为安徽省数字游戏产业的拓展和壮大提供了无限的可能性。同时,数字游戏产业也将会影响更多领域,如数字艺术、数字出版等,这也将促进安徽省文化产业的发展。

（二）安徽省数字游戏产业的未来趋势

数字游戏是一种具有较高科技含量、良好用户体验和较大市场需求的新兴产业，其发展前景广阔。随着经济快速发展、数字经济逐渐壮大以及人们生活方式的变化，数字游戏市场逐渐占据越来越重要的地位。在发展中，安徽省数字游戏市场将会呈现以下趋势。

1. 个性化

随着玩家思维、文化、心理需求的不断提升，数字游戏将更加注重并致力于满足玩家的个性化需求，提供更具差异性的游戏内容和游戏场景。并且，数字游戏还将更多地涉及虚拟现实、增强现实等新兴技术，以提高游戏的沉浸感和真实感。游戏为玩家提供了一个虚拟世界，在现实中难以获得的体验将会在游戏体验中越来越具有真实感和沉浸感。例如，以安徽省为背景的游戏将更具有本土特色，如以安徽省历史名胜为游戏场景、将安徽省的古风韵味加入游戏内容等，这样的游戏将更加能引起玩家的共鸣，提高游戏的沉浸感。而且游戏将越来越个性化。未来的游戏将会更加注重个性化体验，为用户提供更贴近他们个人需求的游戏服务。例如，游戏将更多地采用人工智能和大数据技术，为用户量身定制游戏角色、地图、剧情等，让用户感受到独一无二的游戏乐趣。因此融合将越来越重要，游戏将会更多地与其他领域进行融合。例如，游戏将与虚拟现实、增强现实技术相融合，用户通过虚拟现实、增强现实设备进入虚拟世界游戏，游戏将更加真实而且更具互动性。同时，与电子竞技、电子商务等领域的融合也将变得越来越紧密。此外，社交互动将更加重要，游戏不再是一个人的娱乐活动，未来的游戏将更加强调社交互动的重要性。例如，在游戏中增加多人在线模式、好友互动模式、社团活动等，这样的游戏将为用户提供更多的社交互动机会，让用户更加享受游戏带来的交流快乐。

2. 多样化

首先，未来安徽省游戏市场的多样化趋势将会表现在游戏类型上。传统的 PC 游戏和传统的主机游戏仍会是重要的游戏形式，但是手机游戏和互联网游戏将会成为未来安徽省游戏市场的主流。随着移动互联网用户数量的不断增加，手机游戏将会成为一个重要的发展方向；互联网游戏则将成为一个更加广泛、经济实惠的平台，未来还将涌现更多有创意、有特色的游戏类型。

其次，未来安徽省游戏市场的多样化趋势会在游戏内容上体现出来。传统的角色扮演游戏、射击游戏、竞争游戏等类型的游戏将继续存在，但是玩家们对于游戏的需求也在不断发生变化。随着社交网络的普及，玩家们更加注重游戏的社交互动性和多元文化融合的体验。因此，未来的游戏会更加关注 IP 的维护和开发，多元化文化的融合将会成为发展趋势。同时，智能化技术的应用将会促进游戏内容更加丰富多彩，提高游戏的互动性。

最后，未来的安徽省游戏市场的多样化趋势还将体现在游戏销售模式上。传统的游戏销售方式会逐渐向电子商务销售模式转变，这将会给游戏企业带来更多的销售渠道。同时，未来将会更多地采用平台化的运营模式，为玩家提供全方位的游戏服务和社区互动。

3. 社交化

社交化将成为游戏市场的主流趋势。随着移动互联网用户数量的不断增加，人们对于互联网上的社交化体验需求也越来越高。由于游戏是一种生动而具有交互性的娱乐形式，因此在游戏领域实现的社交化将更加广泛和深入。未来游戏本身就将成为一种社交娱乐方式。[1] 社交网络的出现已经为人们的社交体验带来了极大的便利。未来在社交化游戏中，人们可以通过在线语音、视频等技术来交流，还可以分享自己的游戏经验，与其他玩家一起游戏。此外，为了更好地体现社交化功能，游戏厂商也将丰富游戏中的互动形式，提升玩家之间的互动性，并为玩家提供更多的社交场景。此外社交网络和游戏将拥有更加紧密的联合。社交媒体和游戏行业将继续融合，自然而然地形成一个庞大的社交娱乐系统。在这样的系统中，玩家可以获得更高质量、更丰富的社交游戏体验，并且他们的社交网络也会联系得更加紧密，为其他市场形成一个广阔、多元化、有趣的社交游戏生态。随着游戏业的不断发展，游戏发展社交化将成为安徽省更加强劲的增长动力。在未来的游戏中，玩家将逐渐

---

[1] 张卓一：《论数字游戏的资本增殖逻辑——以 MOBA 游戏〈王者荣耀〉为例》，《传媒论坛》，2022 年第 5 期。

适应社交化游戏，这将会是游戏市场中的一大变革。

4. 全球化

在国内市场逐渐饱和的情况下，安徽省游戏企业必将寻找全球市场中的机会。目前已有不少安徽省游戏企业成功进军海外市场，未来将有更多安徽省游戏企业加入全球化竞争中。游戏行业一直是技术实力的竞争领域，安徽省游戏企业需要不断引进、学习和创新游戏技术，提高自身的竞争力。信息技术、网络技术、虚拟现实技术等将成为游戏行业的创新方向。安徽省游戏行业将加快融合发展。游戏行业已经不再是一个独立的产业，它与文化、娱乐、教育等各行各业已经产生了紧密联系。[1] 未来，安徽省游戏企业将与其他行业进行更紧密的融合，打造更具特色的游戏产品。安徽省游戏企业将积极参与国际合作。目前，各国在游戏行业的合作已经成为一种趋势，安徽省游戏企业需要积极加入国际合作中，通过与国外游戏企业的交流合作，拓展自身的国际视野和市场。未来安徽省游戏行业将会面临更加复杂和激烈的全球化竞争，游戏企业需积极应对挑战，不断提升自身的竞争力和创新能力，发掘更多市场机会，向国际市场进军。

综上，数字游戏产品和服务对于安徽省整体经济和社会的发展起到了积极的作用。安徽省数字游戏产业在不断发展、壮大的过程中，还将面临更多的机遇和挑战。安徽省需要充分抓住当前发展机遇，加强行业标准制定、尊重人才价值、积极开拓新领域，通过有效地整合产业资源、掌握行业趋势、学习和借鉴国内外先进的游戏开发技术和商业模式，提高自身的创新能力和竞争力，安徽省数字游戏产业才能在未来的发展中实现创新、可持续、高质量的增长。

---

[1] 王心荷、叶凤华：《数字记忆：数字游戏的记忆构建与文化传承——以〈绘真·妙笔千山〉为例》，《文化产业》，2022 年第 24 期。

第十四章　虚拟现实技术融合下安徽省数字文化产业高质量发展策略

虚拟现实技术（Virtual Reality，简称VR）是一种能够创建和体验虚拟世界的计算机技术。它利用了计算机图形学、人机交互、传感等多种技术，再结合近年来高速发展的三维图形、多媒体、仿真、显示和伺服技术，用户可以借助头戴式设备、触觉手套等外部设备与环境进行实时交互，动态改变虚拟现实场景，实时接收虚拟现实环境提供的多种类型的反馈，生成一个逼真的三维视觉、触觉、嗅觉等多种感官体验的虚拟世界。[1]近年来，虚拟现实技术在多个领域取得令人瞩目的成绩，如医学、影视、游戏等，有效带动计算机网络技术与传统产业的融合发展。本章以虚拟现实技术为基础，紧跟科技潮流，具体分析虚拟现实技术与安徽省文化产业融合的可行性、操作步骤与意义，为传统文化产业赋能，形成现代化新型产业链，以促进安徽省文化产业转型升级，实现高质量发展。

一、虚拟现实技术概述

（一）虚拟现实技术特点

虚拟现实技术以沉浸式、交互性、构想性、多感知等为鲜明特征。在虚拟环境中建立模型，通过带领用户参观、锻炼、学习等内容，为用户带来真

---

[1] 刘瑛、李志如：《数字化技术转移为文化创新赋能》，《文化产业》，2023年第20期。

实触觉反馈，提高用户体验效果与参与度，且不受时空限制。[1]尤其是它针对高危、极端环境的开发，虚实结合、相互补充，极大地提高了用户安全保障与真实感受。

目前虚拟现实技术在互联网大潮下应用广泛，与游戏、影视、动漫、医疗等相关产业结合，为原有产业赋能，提供新的附加价值。

（二）虚拟现实技术实际运用

1. 虚拟现实技术与医学

在医学实践中，通过虚拟现实技术可为医生提供仿真场景，针对手术台等难度较大的医学实践提供模拟练习。一方面减少手术风险，提高医生对手术的操练程度；另一方面不受时空限制，可随时为医生提供实例与道具，可操作性较强。

2. 虚拟现实技术与影视

科幻影片是近年来大火的题材，以科技、外太空、星际探索等为主要内容满足观众对未来的幻想与期待。虚拟现实技术与影视的结合主要以头戴式眼镜为主，使观众进入多维度虚拟世界，"亲身体验"科幻影视中所塑造的奇妙世界，并获得实时反馈。

3. 虚拟现实技术与游戏

现今游戏在全球范围内拥有广泛受众，并伴随互联网发展，冲破地域。虚拟现实技术，能够为刺激性游戏搭建平台，提高用户的游戏体验。虚拟现实技术利用电脑产生的三维虚拟空间，而三维游戏刚好是建立在此技术之上的，三维游戏几乎包含了虚拟现实的全部技术，它使得游戏在保持实时性和交互性的同时，真实感也得到大幅度提升。

---

[1] 王寒、卿伟龙、王赵翔等：《虚拟现实引领未来的人机交互革命》，机械工业出版社2016年版，第13页。

二、安徽省文化产业融合虚拟现实技术的优势和问题

(一) 安徽省文化产业融合虚拟现实技术的优势

安徽省地理位置纵向差距较大,以省会合肥为中心,皖南皖北差异明显。皖南地区气候湿润,偏向江南徽州一带,自明清时期,徽商就已经相当繁荣、极负盛名。皖北地区气候较干冷,旧工业煤矿遗址分布较多,现人口多,具有以下优点。

1. 历史资源丰富

安徽省很多地区都拥有丰厚的历史文化,诸如古之庐州,今为省会城市合肥,它亦是三国时期兵家必争之地。千百年来合肥所出英雄豪杰不计其数,代表人物有发出"既生瑜,何生亮"人生感慨的东吴大都督周瑜、号称办案"铁面无私"的包拯以及洋务运动的发起者之一李鸿章等。利用虚拟现实技术,交互感知让游客切切实实地感知人文风采。

再如被誉为"天下第一奇山"的黄山,千百年来,亦有不少古人在此留下佳句。徐霞客赞叹"五岳归来不看山,黄山归来不看岳",大诗仙李白更是留下"黄山四千仞,三十二莲峰""送君登黄山,长啸倚天梯"等著名诗句。而今,黄山作为著名的历史文化景点,借助虚拟现实技术,不仅可以展现黄山的钟灵毓秀,更可以向大众展现黄山蕴含的丰富文化底蕴。

2. 自然资源优厚

上文已提到,安徽省地域辽阔,横跨广大区域,得益于多样的气候,孕育了全省各地不同的自然风光。

奇山、怪石、云海是黄山的象征,山高入峰云入顶,吸引无数文人墨客接踵而至。自然风光虽无限秀美,但是终归受制于时间与空间,而借助现代虚拟现实技术,可使得黄山"动起来",让人们不出行、不爬山也能够领略黄山风韵。

皖北地区平原广袤,中医药种植全国闻名,淮河中下游土壤肥沃,有多处风景名胜,如龙子湖、新汴河风景区等。借助虚拟现实技术,可全景式展现淮河之美。

3. 人口基数较大

截至2020年年末，安徽省常住人口约有6 100万人，且人口流动性较大，所带来的游客潜力大，能拉动消费水平，具备市场发展潜力。

4. 地理位置较好

安徽省大多处于平原地区，东临江浙沪，西接湖北、河南，南临江西，北靠山东。南来北往，既有人口大省为护，又有长江中下游科技相持，且政策扶持力度较好，天时地利人和皆具备，为虚拟现实技术开发保驾护航。

5. 受众接受力强

由于安徽省地处长江中下游地区，新兴产业建设较多，人民生活幸福指数高，开放程度较高，接受能力较强，是可能为虚拟现实技术消费的强大生力军，能够以消费拉动内需，从而带动产业的转型升级，以合肥为中心，渐渐覆盖全省。

（二）安徽省文化产业融合虚拟现实技术的问题

根据安徽省文化产业现状分析可知，安徽省产业分布不完整，多个地区产业处于滞后状态，新兴产业技术应用较少，大部分地区处于旧产业向新产业过渡的时期。

1. 产业链不完整

安徽省多个地区存在产业链不完整的问题，黄山地区便是其中的一个典型例证。黄山地区旅游资源丰富、游客量也较大，但是却没有发展最关键的工业产业，且黄山距离市区火车站、高铁站较远，屯溪老街、宏村等著名景点分布较分散，给游客带来极大不便。除此之外，黄山虽风景优美、是大自然的鬼斧神工，但是却明显缺少数字基础建设，登山途中没有任何的景点讲解，使得想要进一步了解黄山的旅客"望而却步"，不利于黄山文化的广泛传播。

2. 传播不广泛

除较著名景点之外，安徽省文化产业普遍传播力度小。例如考工集原是合肥专注于文化产品而创造的产业，但是作为合肥本土品牌，名气却极小，较少为游客了解。况且考工集并未向大众解释商标的含义，大部分游客处于一知半解的状态。

3. 旧产业占比高

全省以旧产业发展模式为主，尤其是皖北地区，煤矿产业分布较广，早期发展较快的同时，也带来了极大的环境污染，使得雾霾天气较严重。环境是可持续发展的保障，而环境污染则是发展的拦路虎，产业转型迫在眉睫。

4. 静态化产业

静态化产业属于旅游的"不动产"，例如黄山、九华山、宏村、古镇等资源，全部处于静态化状态，受时间、空间限制较大，开发时间周期长，投入资金大，成本高昂。

三、虚拟现实技术与安徽省文化产业融合的可行性分析

（一）虚拟现实技术与黄梅戏文化融合

1. 虚拟现实技术与黄梅戏文化融合的可行性分析

安徽省文化资源丰富，是拥有众多非物质文化遗产资源的省份，例如皖南安庆地区黄梅戏、蚌埠花鼓灯、绩溪龙舞等。然而在互联网技术高速发展的今天，传统非遗在新潮流之下已经不适应社会需求，虚拟现实技术因其沉浸性、感知性、交互性正于此衔接，可弥补传统非遗的不足。

传统黄梅戏展示主要依赖于实体戏剧舞台、展览馆、艺术馆等形式，通过音乐效果、表演效果、故事效果等方式，观众能够直接地感受到舞台戏剧的魅力。然而，这种展示方式由于空间和物质条件的限制，无法将黄梅戏艺术的全貌和深度完整地展示给观众。同时，传统的表演方式缺乏交互性和沉浸性，难以满足现代观众对戏剧舞台的高要求。

虚拟现实技术利用计算机技术模拟一个三维空间的环境，用户可以通过头戴式头盔、动作捕捉设备和触觉反馈设备等，与这个虚拟环境进行交互，产生身临其境的感觉。基于计算机图形学、人机交互、感知和认知心理学等

多学科技术，提供视觉、听觉、触觉等多感官体验。[1]虚拟现实技术的发展已经深刻影响到现代戏曲艺术的展示方式，基于技术成熟之上，促进传统戏剧的现代转型，符合更多群体的需求。

2. 虚拟现实技术与黄梅戏文化融合的具体操作

黄梅戏最初源于湖北，而后传入安庆地区，在充分结合当地生活和方言的基础上，逐步发展起来并发扬光大。它原是采茶女打发闲散时间一唱一和所作，故又被称为采茶戏。因此，在建设 VR ＋黄梅戏戏剧展示效果空间时，可充分借助自然风光，通过 3D 扫描、建模技术等，在虚拟空间内投入山水自然作为背景墙，尽最大力度还原旧时采茶风景，让观众的感受更立体、更鲜活。仿真表演系统开发和戏曲表演数据采样主要依赖动作捕捉系统，在演员骨骼点绑上传感器，被采集数据的人群穿着紧身服装，使得捕捉的数据更为精准，再经过计算机处理为虚拟三维空间的数据，有了这些表演数据后，就可以进入三维动画软件的开发流程。后续处理过程中选择人物建模、戏曲服饰等，给观众带来真实性感受。

《天仙配》《女驸马》《梁山伯与祝英台》等是黄梅戏的著名剧目，流传千年，为人民群众所喜闻乐见。观众可以在黄梅戏虚拟场景内导入多首黄梅戏曲，以及人物造型装扮等，并且可以录入各类项目介绍，方便观众点击选择。观众通过头戴式头盔或手柄进入游戏后还可以自主选择戏曲观赏学习。

除此之外，观众通过手柄遥控器及头戴式头盔选择观看之后，可以继续选择学习扮演，点击专业服装选择，直接进入演员视角，切换为戏曲演员身份，在虚拟空间内与搭档互唱互和，获得更加真实的体验。而后，观众可以通过记录仪来观看自己的表演并打分、评价。摆脱传统"观看者"身份，成为新型"表演者"，可以满足观众尝试舞台戏曲的心愿。

---

[1]　王玉砚：《虚拟现实技术在环境设计教学改革中的应用》，《鞋类工艺与设计》，2023 年第 12 期。

3. 虚拟现实技术与黄梅戏文化融合的意义

（1）改善传统戏剧空间、时间以及舞台道具等物质条件限制

传统戏剧舞台受时间、空间限制较明显，且舞台搭建、服道化成本较高，不适应现代观众的快节奏生活，容易被淘汰，受众少，缺少资金回流，技术开发难度大。[1]而借助虚拟现实技术，传统空间、时间可以随剧情发展随意切换，戏剧场景设计也更加灵活。服装、道具也不再受传统布景限制，而是观众自主选择的搭配，更符合观众审美标准。

（2）革新戏剧舞台，创新戏曲美学艺术

传统戏剧舞台以舞台搭建为主，局限在一定的空间范围内，无法脱离实景舞台演出。而借助虚拟现实技术，实景舞台被革新为新型虚拟场景舞台，各类场景录入系统后，真实性较强，更增添了模仿学习效果，戏剧舞台被革新为一种全新的舞台艺术，由原来的单方输出变为双向交流，艺术美学上升到一个崭新的虚拟境界，提升了传统戏剧的表现力与生命力。

（3）增强互动性，拉近观众与戏剧表演的距离

VR技术可以提供更加丰富的视觉信息，拉近观众与戏剧之间的距离。例如《天仙配》中仙女与凡人相恋的情节，传统戏剧很难表现出相关场景的多样性和丰富性，而虚拟现实技术却能利用不同风格、不同色彩的装饰品布置虚拟场景，并使用音乐进一步带动气氛，观众可以再次通过手柄遥控器、眼球追踪等准确定位并学习自己感兴趣的内容，拉近双方的距离。

（二）虚拟现实技术与博物馆文化产业融合

1. 虚拟现实技术与博物馆文化产业融合的可行性分析

博物馆是保护和传承人类文明的重要殿堂，是衔接过去、现在、未来的桥梁。在过去，"距离感"是让博物馆体验相对平淡的原因之一。而数字时代，人类与博物馆等艺术空间的联系更为密切。随着3D、AI、VR浪潮的来袭，人类与艺术品和艺术空间的关系，也开始随之变革。跨界融合、科技引领、沉

---

[1] 王雅：《虚拟现实技术在传统戏剧舞台中的应用策略》，《艺术教育》，2023年第9期。

浸体验等已成为数字博物馆发展新型趋势。[1]

除此之外，文物数量多、保护手段少、修复途径单一、系统管理困难等多方面因素促进博物馆数字化转型，借助互联网计算机技术，对博物馆文物进行线上投影，实现观众云展览。

2. 虚拟现实技术与博物馆文化产业融合的操作步骤

首先，数字博物馆建设必先将博物馆三维立体建设投入线上开发，将博物馆面积、楼层、分区、方位、样式造型等三维基本条件录入系统，通过建模真实还原馆内场景。

其次，馆内藏品布置也要在一一录入的条件下投入线上。例如安徽博物院著名藏品——铸客大鼎，拥有千年历史，被载入教科书，盛名已久，来观赏的游客络绎不绝。真实藏品在线下，虚拟藏品在线上，若要把铸客大鼎投入线上，必先扫描藏品记录的各种数据，再根据3D建模、美术设计等技术使藏品在虚拟场景内再现。其余藏品也像这样投入线上虚拟场景，通过互联网再现博物馆藏品布置，做到真实还原。

最后，游客通过手柄遥控器、头盔等进入虚拟仿真场景，点击选择观看方式，如3D立体式、鸟瞰式、漫游式等视角浏览。眼球追踪或点击工具设备进入数字博物馆观看藏品，沉浸式点击介绍学习，自由穿梭于虚拟的数字博物馆空间内，不受时空、视角、人流量等条件的限制。

3. 虚拟现实技术与博物馆文化产业融合的优势

（1）多重视角全息式体验

线下观赏博物馆，不仅现场吵闹，而且人流量较大，从而导致观赏效果不好。虚拟仿真场景，是独属于观众自己体验的空间，全息式观赏，沉浸式体验，能更好地发挥博物馆的教育意义，从而获得立体化、多维度、更直观的文物信息。

（2）提高文物价值，延长文物生命

文物在虚拟空间内，能够减少受损概率，延长其寿命。可以实现文化的

---

[1] 张锦：《基于沉浸式文化体验的影像应用研究——以〈纳西秘境〉交互影像设计为例》，硕士学位论文，云南艺术学院，2020年。

交流和互鉴，提高馆藏利用率，减少社会资源的浪费。

（3）人物交互，传播更广泛

在数字博物馆内，观众可以通过手柄、头盔等设备进行虚拟仿真体验。例如在文房四宝区域，游客可以在三维虚拟空间内模仿毛笔写字，体验真实效果；并通过人际圈扩大传播范围，提高文物附加值。

（三）虚拟现实技术与游戏产业融合

1. 虚拟现实技术与游戏产业融合的可行性分析

游戏是近年来文化产业开发的热潮，海内外受众广泛，消费群体庞大。而传统的网络游戏，更加注重游戏世界的设定，满足玩家的精神需求而忽视了玩家的实际体验，将玩家隔离在显示屏之外，玩家只能通过鼠标操作角色来体验游戏中的各种设定，并未达到一种真切的感官体验。并且随着大数据、互联网以及各种高科技的发展，传统 2D 游戏已渐渐不具备市场竞争优势。

3D 游戏，所追求的是一种虚拟现实的实现，致力于为玩家带来最真实的感官体验。3D 游戏通过三维空间的原理，在游戏中运用了长、宽、高等三种度量，使游戏世界达到对客观世界的真实还原，相比于 2D 平面游戏，也更加吸引游客。[1]

2. 虚拟现实技术与游戏产业融合的具体操作

将 VR 虚拟现实技术融入游戏实践中，需要全面呈现游戏的场景、人物角色和道具等，确保 VR 技术渗透至游戏的各个环节，在此基础上，应提升游戏画面、角色和故事情节的真实性，以充分发挥 VR 技术的效能。

首先，要进行合理的游戏策划：将虚拟现实技术应用于实践中，和平面游戏最关键的区别在于游戏内容要更加直观化和简单化，在设计过程中，通过合理的策划方案，给玩家留下较好的第一印象，能够让游戏玩家被游戏吸引，让游戏投资者发现游戏的价值与潜力所在。例如，基于芜湖方特惊险过山车而设立的 VR 云霄飞车游戏项目，不再是传统的实体场景，而是虚拟的冒

---

[1] 齐建亮：《虚拟现实技术在电脑游戏中的有效应用》，《数字通信世界》，2022年第 5 期。

险刺激。该游戏项目假设总时长为五分钟，将轨道建立在安徽省各个城市的地标之间，刚开始缓慢爬升，后来极速下行旋转刺激无比，最后轨道直接断开，来一个云霄飞车，安全回到起点，完成整项 VR 游戏体验。

其次，优化游戏场景设计、角色绘制和模型制作。由于云霄飞车游戏过程中，以安徽省内各城市地标为基点，势必会穿越各城市的特色景点，如黄山、九华山、天柱山、长江、淮河……各地域的夜间景色需要努力做到真实还原。在 VR 游戏中，模型主要是使用 3D Max 和 ZBrush 软件制作而成，并采取灯光、声音、布局等效果使观众感官刺激最大化。

最后，利用眼球视差和翻转，游客可自主选择观赏场景，增强亲身体验。例如，当游客处于高出悬浮状态时，所观赏的就是俯瞰式全景；而处于较低姿态时，就是仰卧视角。随着视角的来回切换，游客场景感受更全面。

3. 虚拟现实技术与游戏产业融合的优势

(1) 提高游戏体验逼真性和沉浸性

将 VR 技术融入游戏设计中，可以让玩家和游戏中的角色、场景相互接触。考虑到虚拟现实的物理性，游戏体验会更加多样化和个性化，如当玩家进入游戏环境中，眼前出现摇晃的高桥，玩家也会出现登高的感觉，加强了游戏的真实性。

(2) 高交互性

VR 游戏的应用设备有硬件头盔、手柄等，用户可以根据硬件头盔中所显示的虚拟场景，利用手柄模拟运行人物在场景中的相关操作，提高用户与机器之间的交互程度，与传统游戏相比，更具空间感和操作感，能够让玩家在游戏中获得更丰富的体验。

(3) 可玩性和安全性

虚拟现实技术下的游戏设计更具可玩性、安全性和娱乐性。其中，娱乐性是游戏的核心所在，可玩性和交互性是吸引玩家兴趣的关键因素，安全性是保持游戏安全的指标。

第十四章　虚拟现实技术融合下安徽省数字文化产业高质量发展策略

（四）虚拟现实技术与文化旅游产业融合

1. 虚拟现实技术与文化旅游产业融合的可行性分析

黄山是安徽省特色地域风景的代表，具有深厚的历史资源和文化资源，且每年接受游客量大，各项旅游服务相对完善，旅游路线也较为完整。但是，黄山距离市区、火车站、高铁站都有一定的距离，交通不便。黄山风景虽好，但是沿途并无任何文字讲解，让游客不知所以。本次借助虚拟现实技术，力求为游客解决难题。

虚拟现实技术以现有的科技、互联网为中介，使用户能够沉浸式感知场景。利用投影与成像技术，把"黄山"搬进展区，让不动的名山成为移动的景点。这样才能让山"动"起来、让文化"活"起来、让游客走进来。

2. 虚拟现实技术与文化旅游产业融合的实际应用

(1) VR黄山景区展览

建立虚拟观景区，需要成熟的计算机、互联网、建模、美术等多种技术。黄山巍峨不绝，虚拟景区建立更要把黄山风光发扬光大。奇峰、怪石、云海等风景都要努力做到还原，使游客在有限的空间中也能感受到无限的广阔。建立VR黄山观景区，游客在观景区内自主选择登山路线，以头戴式头盔和手柄为进入中介，进入全息建模技术游览。黄山部分景点由于过于险峻而被封锁，不对外开放，通过VR技术，游客可自由进入危险地带，无须在意天气、路线、坡度等限制。

仿真景区内，游客自由度显著提高，可以通过手势识别、眼球追踪等方式来回切换不同视角，沉浸性、交互感、自由度也大幅度改善。例如，游客可以沉浸式触碰山峦怪石，可以上天拥日月，甚至可以于空中驾风而去，大胆冒险却也绝对安全。

同样，在虚拟环境中，游客通过头盔以及手柄下达指令，可以以过山车、缆车或徒步的形式游览黄山，随着头盔、手柄和眼球移动，尽览不同视角所呈现出的万千风光。

(2) 虚拟动漫人物

众所周知，黄山是一座拥有丰富自然资源和人文资源的历史文化名山。黄山市对黄山景区的开发目前多停留在自然环境方面，或多或少忽视了对历史文化的介绍。因此，近年来被不少游客吐槽，想要了解更多文化的游客苦于没有任何学习、讲解媒介，使人望"山"却步。基于此，VR景区的建立可以充分弥补黄山景区建设的缺陷，运用3D建模技术，使历史名山"动"起来，使历史人物"活"起来，增强美学意义。

大诗仙李白擅作诗、好饮酒，数次于黄山送别友人。当黄山具象化，便是诗人笔下"黄山四千仞，三十二莲峰"；当黄山朦胧化，便是"仙人炼玉处，羽化留馀踪"。后世学者更无从得知李白当时的感慨，但千年后的我们却可以利用科技创造故事。通过专业建模、画面增强技术、虚拟现实技术等的结合构建大众心目中飘飘欲仙的大诗人形象。通过手柄遥控器、头戴式头盔等设备，与千百年前的风流人物共处同一空间，甚至能够把酒言欢。穿越千年，体验不一样的现代科技与传统文化。

游客通过手柄及头盔进入VR观赏景区，利用手指、眼睛、头部等身体器官下达指令，同时VR技术以特有的计算机应用系统传达信息，并迅速向游客做出反馈，使得游客获得更强烈的身体感触，更加真实地融入并体验模拟场景。通过应用识别系统，可以构建起更真实的体验效果，观众的嗅觉、听觉、视觉等多个感官要素都会沉浸其中，不自觉地被带到场景中去，体验效果更强。[1]随着视觉方位的不断变化，物换星移，斗转万千，大美黄山，尽在眼前，并能在仿真可交互的虚拟场景中进一步体验历史文化名山的前世今生。

（3）虚拟特效

在上述论述中，主要涵盖的虚拟现实特效如下：动画特效、场景特效、声音特效、人物特效。下面将对以上特效作出具体分析。

在虚拟现实场景中，动画是虚拟与现实的结合。黄山最大的现实就是黄山本身，它是最大的本体也是最大的实体。在建设虚拟场景时，首先要对黄山进行3D扫描，随即把扫描后的数据导入建模系统。除此之外，在VR场景中，黄山只是一个载体，它承载着游戏、动漫、人物以及各种多维立体场景。将VR技术应用到游览中，可以增强工作人员通过不同的视角和设备进行考察的能力，使他们能更充分地理清不同设备间的相互关系，这样有助于提升三

---

[1] 王铭林：《虚拟现实技术在龙山文化带和黄河文化带文旅项目中的应用研究》，《玩具世界》，2023年第3期。

维仿真技术，从而打造出更加完美、真实的动画效果。

在VR场景中，场景并非是真实的、本真的，而是基于虚拟现实技术、计算机编程、建模等高科技相互作用的结果，是在多种手段要素的共同配合下，打造成的逼真的虚拟环境。例如，游客在佩戴头戴式头盔后，在虚拟场景中乘坐过山车上天入地体验刺激性爬山过程，如梦如幻，仿佛置身云端仙境。

声音是增强视觉效果的最强辅助，在人工配音、现场录音、工业式合成声音配合的情况下，能够最大限度地调动游客的观赏情感，或刺激，或惊险，或愉快，或感概，达到人与情景的合二为一。

动漫人物是VR景区的特制，属于"无中生有"的一部分，但是在导入各种人体数据的情况下，建模已不成问题，关键是在景区中展示的动漫人物要符合此时此地此刻与游客的互动。这要求相关技术人员及时修补程序以及高级编程。动漫人物出场，必然要有动作、有语言，能够与游客实时互动，增强游客的互动体验以及情感交互。

3. 虚拟现实技术与文化旅游产业融合的优势

(1) 增强黄山"生命力"，以科技赋能，让黄山"活"起来

通过VR景区的建立，让黄山走出黄山市，走进虚拟空间，走进三维建模，把不动的山化为变幻万千的虚拟世界。以科技加持，赋能文化旅游产业，形成资源的整合开发。黄山巍峨，绵延不绝。在科技整合中，不受时间、空间、环境、地形等限制，游客照样可以站在全知视角俯瞰美景，以头戴式头盔和手柄遥控器为媒介，实现场景互动，真实感知虚拟空间，增强黄山生命力与创造力，吸引游客积极参与，并形成良性循环，扩大受众范围。

(2) 塑造独特时空，延伸用户感知

在虚拟现实空间内，通过计算机网络技术、3D建模技术和虚拟现实技术等多种科技加持，塑造出独立于现实的独特时空。虚拟空间横贯古今，虚实结合。一方面既有各种虚拟动漫人物和虚拟特效，另一方面又有在3D扫描建模基础上所塑造的"黄山"。游客在虚拟空间内通过媒介控制器会感应到真实的快感和刺激。虚拟空间满足了游客既想玩得刺激又不想有一丝风险的心理需求。

(3) 革新艺术语言，促进美学发展

虚拟空间内，艺术语言被全面革新，不再是传统的商业式旅游推销，而是全身心沉浸式体验之旅；不再是导游讲解带领游客参观游览之旅，而是游客主动参与、主动玩耍的过程。通过游客自己的感知和兴趣强度来实现游览，个人主观能动性增强，疲劳感大大降低。

此外，VR 景区建设一方面基于黄山现实，另一方面则基于虚拟效果。李白、徐霞客等动漫人物的设立均是基于 3D 空间人物建模，满足人们见证历史变迁的强烈愿望。而且在虚拟空间内，景物建设基于现实，但又同时是对现实的美化。在现实登山的过程中，游客可能会遇到恶劣天气，在路上可能会看见垃圾果屑等，但在 VR 空间内不会，VR 会最大程度地满足游客的想象，将美学建构发展到另一虚拟空间内，极大提高游客满意度。

(4) 促进黄山文化旅游产业链开发

黄山虽极负盛名，是安徽省文化旅游的招牌，但不可否认的是，黄山文化旅游开发产业链极为不完整。而利用虚拟现实技术，可以增强黄山地区的线上游览体验，促进线上产品的售卖，并带动周边产品的销售，进而促进后续的产业园区建设完整。

(5) 对安徽省内其他地区文化旅游起到一定的模范作用

上文提及，安徽省横贯南北，地理、环境、气候等方面南北迥异，但同时都具备自身的特征，借助虚拟现实技术，能够将旅游资源都搬进虚拟空间内部。例如，与黄山同属名山系列的"地藏王菩萨道场"的池州九华山，一样可以利用 VR 打造虚拟空间，其建设技术一方面可以与黄山互相学习、互相借鉴，另一方面更要注重当地文化资源的开发，如佛家精神的开拓与传播。再如发生在皖北宿州的陈胜吴广起义，"王侯将相宁有种乎"的口号响亮地传递了千年，借助虚拟现实技术，我们可以穿越时空，再现千年前底层农民积极反抗暴政的大无畏精神，这种呈现方式将带来更强的互动感知效果。

综上，虚拟现实技术对文化产业的影响是深刻的。科技时代的到来，对于传统文化资源的开发，既是机遇，又是挑战，带来的是新时代的变革。VR 技术与文化产业的融合需要经历时间的挑战，互相磨合，互相成就。一方面，要利用 VR 技术为文化产业赋能，加强互动感知；另一方面，要利用文化产业为 VR 技术丰富内容建设，以吸引消费者兴趣。面对数字技术、互联网经济的迅速崛起，安徽省一定要利用好传统文化资源，紧跟形势，借助互联网大潮乘风直上，发展高科技的数字文化产业，才能实现文化产业的高质量可持续发展。

第十五章　人工智能推动下安徽省数字文化产业高质量发展策略

随着信息技术的不断发展，数字化技术已经成为文化产业发展的重要驱动力，人工智能（AI）就是一种通过技术手段提升文化产业效率和创新服务的新兴力量，和文化产业融合可以让文化产业更加智能化，从而提高文化产品和服务的质量和竞争力。[1]人工智能技术对推动安徽省文化产业的数字化转型发展具有积极意义。人工智能不仅可以将不同领域的文化要素进行融合，提高文化产业的多样性，还可以提升城市的智能化水平，推动数字经济发展，促进文化产业产生新的业态。因此，对于安徽省来说，利用人工智能驱动文化产业的高质量发展具有重要的现实意义。

一、人工智能技术的发展现状

（一）人工智能的定义

人工智能（Artificial Intelligence，简称AI）是一个具有理论、方法和技术的交叉学科领域，它的发展涉及自然科学和社会科学等许多领域，通过对非结构化数据的整理和分析，生成知识，辅助和延伸相关人员技能，从而实现高效、准确和智能的决策。[2]

由于人工智能的研究与应用领域广泛，所以它的定义也有很多，至今尚

---

[1] 林春霞：《人工智能潜能将持续迸发》，《中国经济时报》，2023年10月27日。
[2] ［美］道格·罗斯：《智能系统与技术丛书 认识AI 人工智能如何赋能商业 原书第2版》，刘强译，机械工业出版社2021年版，第2页。

第十五章　人工智能推动下安徽省数字文化产业高质量发展策略

没有统一的定义。目前，世界上的主要国家对人工智能的定义，没有统一的标准。中国科学院院士王恩哥认为，人工智能是一门科学，它研究使计算机模拟人的智能的科学和技术。美国人工智能促进协会（AAAI）指出，人工智能是一种研究如何使计算机模拟人类智能的技术，它主要研究如何使计算机系统具有像人一样的智能行为。

总的来说，人工智能的研究和应用将在未来产生非常广泛的影响，其中最主要的影响是它将会改变人类社会的发展模式。在未来，人工智能将成为一门独立的学科，成为人们工作、学习、生活和社会交往中不可缺少的工具。人类对人工智能的研究与应用所取得的成果，将为社会带来更多、更大的效益。同时，随着人工智能理论与技术不断取得新进展，也将推动相关学科和行业领域不断涌现新的研究课题和方向，从而给人类社会带来更多未知的挑战和机遇。

（二）人工智能技术的应用

在这个日新月异的时代，人工智能技术无疑已经成为科技界的一颗璀璨明珠，它不只是停留在理论研究阶段，而是迅速地渗透到我们的生活中，影响着每一个角落。随着计算机技术的不断进步，从简单的电子芯片到复杂的软件架构，人工智能的计算能力得到了空前的发展，这使得它能够处理更为复杂的任务，如语音识别、图像识别和自然语言处理等。

这些前沿科技已经不仅仅局限于实验室或高端科技产业，它们已经在医疗健康、金融业、制造业等众多领域展现出了巨大的应用潜力。在医疗领域，人工智能可以帮助医生更快、更准确地诊断疾病；在金融行业，人们利用它来预测市场趋势和风险管理；而在制造业，人们则通过自动化生产线大幅提高生产效率和产品质量。

当然，人工智能技术的旅程并未结束，随着时间的推移，科学家们不断探索和完善新的算法和模型，如深度学习、机器学习和强化学习。这些技术不仅能够更加精确地理解人类的行为和思维，而且在图像处理、语音翻译、游戏竞技等多个方面取得了突破性进展。[1] 深度学习技术能够让机器自动学

---

[1] 杨述明：《人工智能劳动工具属性的生成逻辑与社会适应》，《江汉论坛》，2024年第4期。

习复杂的模式和规律，机器学习则能使计算机通过大量数据进行自我改进，而强化学习则是让智能体在与环境的交互中学习最佳策略。

总而言之，人工智能技术正以其惊人的速度改变着世界，它已经成为现代科技发展不可或缺的一部分。在未来，人工智能将继续推动科学创新，改善人类生活，甚至重塑整个社会经济结构。随着技术的不断演进，我们有理由相信，人工智能将会为我们带来更加智能、便捷的生活和工作方式，同时也会给我们提出新的挑战，我们将要不断适应和应对这些变化。

（三）人工智能技术与文化产业

现如今，人工智能为文化产业带来变革，已经成为人们生活中不可或缺的力量。它不仅能够推动社会进步，还能极大地改变我们的工作和生活方式。在文化产业领域，人工智能的应用潜力同样巨大。

人工智能通过搜集海量的文化数据，进行深度分析和学习，以生成高质量的内容。这不仅能够提高内容生产效率，还可以提升内容检索、分类和推荐等方面的效果。例如，在搜索引擎中，智能算法可以根据用户的历史查询记录推荐相关的文化产品，而不是仅仅依赖于关键词搜索，艺术家们现在可以利用人工智能来快速且准确地生成文本和对话，这对于他们来说，不仅节省了大量的时间和精力，也让创作更加灵活多变，机器人甚至能够模拟自然语言的对话，从而提供更加真实的体验。在文化产业中，机器人制作技术已经广泛应用于音乐、戏剧和舞蹈等领域，机器人通过模拟人类的动作来制作音乐和舞蹈，并为其他类型的艺术提供创意支持，这种技术不仅能够帮助音乐家创作出更多的作品，也能为舞蹈家提供更加丰富的表演形式。面对日益庞大的客户群和日益增长的需求，人工智能能够为客户提供24小时的在线客服服务，这些服务不仅提高了效率，加快了响应速度，也让客户的体验更加便捷。例如，当一个客户想要了解某一文化活动时，通过智能客服系统，他可以得到实时的信息和建议，从而做出更明智的决策，基于对用户行为和需求的深入了解，人工智能能够根据每个人的兴趣爱好和偏好，为他们推荐个性化的文化产品和服务。

需要指出的是，人工智能在文化产业中的应用虽然具有巨大潜力，但仍有许多未被充分利用的空间。因此，未来的发展前景仍然十分广阔，随着科技的不断进步和优化,人工智能在文化产业中的应用将变得更加广泛和深入。

二、安徽省文化产业的发展基础

(一)安徽省文化产业的优势和问题
1. 安徽省文化产业的优势
(1)产业规模不断扩大

随着经济发展和人民生活水平的提高,安徽省文化产业的发展也取得了显著成就。据对全省2 594家规模以上文化及相关产业企业(以下简称"文化企业")调查,2024年前三季度,文化企业实现营业收入1 747.1亿元,按可比口径计算,比上年同期增长3.1%。其中,文化新业态特征较为明显的16个行业小类实现营业收入448.7亿元,比上年同期增长7.6%,快于全部规模以上文化企业4.5个百分点。

(2)新兴业态快速发展

随着互联网和数字技术的快速发展,安徽省文化产业也加快了转型升级的步伐。近年来,安徽省陆续出台了一系列政策措施,鼓励和支持文化产业创新发展。例如,安徽省在2021年启动了"智慧广电"工程建设项目,着力推动传统广电媒体与新兴媒体深度融合发展。此外,安徽省还打造了一批具有影响力的数字文化产业园区和产业基地,如芜湖的"中国视谷"人工智能产业园、合肥的"中国声谷"等。

(3)对外合作不断加强

安徽省文化产业积极参与国际合作与交流。2021年,安徽省与"一带一路"沿线国家和地区的文化产业交流进一步加强,与"一带一路"沿线国家签订了文化产业合作协议和备忘录;举办了"中国—中东欧国家艺术交流展"等大型国际文化交流活动;加强与"一带一路"沿线国家在文艺演出、展览、电影等方面的合作与交流;2024年前两个月,安徽省对共建"一带一路"国家进出口630.5亿元、增长14%,占51.5%。这些举措不仅提升了安徽省文化产业的国际影响力和竞争力,也为安徽省文化产业打开了更广阔的国际市场和更大的发展空间。

2. 安徽省文化产业的问题

(1) 企业实力有待增强

目前，我国企业的整体实力与发达国家相比还有较大差距，尤其是在知识产权和核心技术方面还比较薄弱。安徽省文化产业企业中，有不少企业在行业内具有一定知名度和影响力。但是从整体上看，大部分企业的经营实力还不够强，与国内一些大型企业相比还有明显的差距，特别是在核心技术、知识产权等方面还存在诸多问题。

(2) 公共文化服务体系不健全

近年来，安徽省公共文化体系虽有所改善，但是总体来说，仍低于全国平均水平。一方面，公共场馆的达标率偏低。截至2023年，全省有公共图书馆133个、文化馆123个、博物馆232个（国有147个）、美术馆34个（国有22个），整体数量仍然不足。另一方面，公共文化服务水平不高，由于安徽省的文化服务体系不健全，文化基础薄弱，安徽省的公共文化服务水平始终徘徊在较低层次。[1]

(3) 文化创意产业特色不明显

安徽省的文化资源没有得到充分的挖掘整理和开发利用，缺少能够体现安徽地域特色和人文风情的文化精品，产品同质化现象严重。目前的文化创意产品开发与周边省份的产品开发没有太多区别，多集中在出版发行、文化旅游、会展等产业，缺乏能够体现安徽地域特色和人文风情的独特创意产品。这使得安徽省的文化创意产品难以在市场上脱颖而出，也难以满足消费者的多元化需求。

(4) 文化产业政策体系不健全

尽管安徽省出台了一些支持文化产业发展的政策措施，但整体上政策体系仍然不够完善。缺乏针对文化产业不同领域、不同环节的专项政策，以及相应的配套措施，这导致政策在实施过程中难以形成合力，影响了政策效果的发挥。文化产业是一个高度市场化的领域，政策制定需要充分考虑市场需求和产业发展趋势。然而，目前安徽省在文化产业政策制定方面，往往缺乏

---

[1] 张伟坤：《安徽省文化产业安全评价研究》，硕士学位论文，安徽工程大学，2018年。

深入的市场调研和需求分析，导致政策与市场需求脱节，难以有效促进文化产业的发展。

此外，政策执行力度和监督机制不足，即使有了好的政策，如果执行不力或缺乏有效的监督机制，也难以达到预期效果。目前安徽省在文化产业政策执行方面，存在一些执行不力、监管不到位的问题，这导致一些政策难以落地，文化产业发展的实际效益受到影响。同时，文化产业是一个快速发展的领域，需要具有前瞻性和创新性的政策，能够引领产业的发展方向，但目前安徽省的文化产业政策在创新性和前瞻性方面还有待加强，一些政策过于保守和滞后，难以适应文化产业快速发展的需求。

（二）安徽省文化产业数字化转型的必要性

1. 国家政策支持

近年来，中国高度重视数字经济发展，出台了一系列政策文件，以推动数字化转型在文化产业中的应用。自《"十四五"文化产业发展规划》确定以推动文化产业高质量发展为主题以来，全国各地积极开展重大文化产业项目投资与建设工作。[1] 安徽省近年来还发布了《合肥市支持中小企业数字化转型试点城市建设若干政策》和《加快发展数字经济行动方案（2022—2024年）》等支持性政策文件。

2. 人口红利的消失

人口红利是指劳动年龄人口占总人口比重较高，为经济发展创造了有利条件。但是，随着人口老龄化和劳动力结构的变化，传统文化产业面临着人力成本高、技术人才短缺等问题。数字化转型可以促进文化产业的创新和发展，提高效率和质量。

3. 消费者需求增长

随着我国社会经济的不断发展，消费者对文化消费的需求不断增长。随着人们生活水平的提高，越来越多的消费者开始关注自己的精神和情感需求，

---

[1] 巩立超：《区域特色文化产业创新发展的路径选择》，《产业创新研究》，2023年第15期。

对文化产品和服务的消费也越来越高,数字化转型可以为文化企业提供更多的创新和发展机会,满足消费者的需求。

三、人工智能推动安徽省文化产业的发展策略

(一)打造人工智能文化产业创新基地

人工智能技术和文化产业的融合发展是一个动态的过程,需要不断地创新,安徽省应抓住人工智能技术快速发展的机遇,大力推动人工智能技术在文化产业中的应用。以中国科学技术大学、安徽大学、合肥工业大学为主体,在人工智能和文化产业融合发展领域建立一个国家级的人工智能文化产业创新基地。该创新基地应积极响应国家号召,充分发挥中国科学技术大学、安徽大学、合肥工业大学等高校和科研院所的人才、技术优势,开展文化产业关键技术攻关和产品研发。同时,积极引入国内外人工智能领军企业落户安徽,通过共建研发中心、联合实验室等方式,加强与国内其他地区高校、科研院所及文化企业之间的合作。另外,该创新基地还应加强对国内人工智能领域最新技术和文化产业融合发展趋势的跟踪研究,以人工智能技术和文化产业的深度融合为主线,开展对文化领域相关行业前沿技术和发展趋势的跟踪研究,为安徽省人工智能技术的应用与文化产业的发展提供前瞻性指导。

该创新基地还大力发展人工智能教育,积极与省内高校合作开展人工智能人才培养。通过聘请相关领域专家学者、行业专家等开设专题讲座和学术讲座等方式对学生进行人工智能相关知识的普及和宣传;设立人工智能教育专项资金,对优秀人才进行奖励;建设学生创新创业基地以及各类实训基地等,培养学生的创新意识和实践能力。

(二)构建人工智能文化产业人才培育体系

"十三五"期间江苏省和安徽省高校创意人才培养发展指数(WD)均高于同期文化产业系统指数(W2),表现为文化产业滞后型,即高校创意人才培养优于文化产业发展,表明两省高校毕业生未能成功服务于文化产业市场、盘活文化产业发展,应重视高校创意人才培养模式逐渐向产教融合转变,提升

高校创意人才培养贡献度。[1]有以下几种方式。

一是建设人工智能文化产业人才培育基地，加强人工智能领域专业人才队伍建设。安徽省高校应大力培养人工智能领域人才，重点在计算机科学与技术、软件工程、数据科学与大数据技术等专业，建设一批具有安徽特色的人工智能文化产业人才培育基地，培养和储备一批具备"人工智能+文化"相关专业知识和技能的复合型人才，为安徽省文化产业创新发展提供高素质人才支撑。

二是探索建立人工智能文化产业人才培养体系。充分发挥安徽省在人工智能领域的科教资源优势，加大对安徽省高校特别是综合性大学的支持力度，加强人工智能相关学科建设和科研平台建设，大力培养复合型、应用型人才，使其成为安徽省文化产业发展的中坚力量。

三是积极开展人工智能领域人才交流与合作。积极开展人工智能领域专业技术人员和管理人员的交流合作，在人才培养、项目研发等方面加强交流合作。

（三）建设人工智能文化创意园区

人工智能产业园区是指以人工智能为主导的信息技术产业集聚区域，在这里聚集着人工智能企业、人工智能人才和相关配套服务机构。[2]按照《安徽省"十三五"服务业发展规划》的要求，安徽省应以合肥市为核心，以皖江城市带承接产业转移示范区；以马鞍山、铜陵等地为重点，以点带面、辐射带动全省发展人工智能文化创意园区。要加强政策支持和引导，鼓励并支持有条件的地方建设人工智能文化创意园区，通过完善园区基础设施，为入驻企业提供公共服务平台，培育新兴文化业态，吸引国内外文化企业进驻。要引导并支持有条件的园区完善园区管理机制和服务模式，探索适合人工智能企业的管理体制和运营机制。要根据园区特点，研究并制定扶持政策措施，对入驻的文化创意企业实行税收优惠、投资奖励等政策。

---

[1]　戴俊骋、陈芳妮：《面向数字文化产业的文化金融支持体系创新研究》，《中国文化产业评论》，2023年第2期。

[2]　祖令：《基于技术创新视角下的文化产业发展研究》，《现代商业》，2015年第31期。

同时，应以合肥为核心建设国家级人工智能创新应用先导区。目前，合肥已成为国家首批"新一代人工智能创新发展试验区"之一。要充分利用安徽省在人工智能方面的优势和产业基础优势，围绕合肥综合性国家科学中心建设需要和国家"十三五"重大专项规划布局，建立安徽省人工智能产业基地。依托安徽省独特的文化资源和科教优势，引进国内外一流高校、科研院所和龙头企业落户合肥，打造多层次、高水平的产学研合作平台；要依托合肥现有的文化企业和高校资源以及合肥市高新区、经开区等重点园区的发展基础和产业优势，积极发展文化产业领域新业态、新模式，推进人工智能与文化产业深度融合；要结合合肥建设国家中心城市的实际需要以及文化产业发展的客观规律，在园区建设过程中突出"人工智能"特色；要大力引进国内外著名人工智能企业或研发机构在合肥设立分支机构、研发中心和生产基地等，培育和发展一批新兴文化业态和文化创意企业，推动传统文化企业改造升级。

（四）加快人工智能在文化领域的应用

首先，要推动安徽省文化产业数字化转型，应大力推动人工智能与文化产业的深度融合，支持运用虚拟现实、增强现实、混合现实等新技术，实现对文化资源的数字化采集、存储、处理和呈现。其次，要完善人工智能技术标准体系，加快人工智能关键技术在文化领域的应用，实现人工智能在文化行业的全覆盖。最后，要鼓励和支持人工智能在文化领域的应用创新，应围绕安徽省文化产业发展特点和优势，加强人工智能关键技术研究，探索应用于内容创作、文化传播、文化管理等领域的新模式。通过引入人工智能技术，实现安徽省文化资源的数字化采集、存储和处理，推动安徽省传统文化产业转型升级、提质增效，形成安徽特色的人工智能应用生态系统。具体可以采用以下几种方式。

一是建设文化大数据中心。以安徽文化资源大省的优势和特色为基础，依托安徽省文化投资运营有限责任公司，建设省、市、县三级一体化的文化大数据中心，完善"一云多库"信息系统，构建人工智能应用场景，推进省文化资源大数据平台建设，加快与国家文化资源数据库互联互通，加强人工智能在安徽省文化领域的应用，推动全省文化产业数字化转型，加快构建数字创意产业体系。

第十五章 人工智能推动下安徽省数字文化产业高质量发展策略

二是建设智能化服务平台。以"安徽文博云平台"为基础，构建全省一体化的智能化服务平台，完善智能语音服务功能，推进智慧图书馆建设，提升阅读体验和服务质量，推广智能影视点播、数字音乐、数字艺术展览等服务，开展智慧博物馆、智慧图书馆等试点，推广数字出版、虚拟现实等数字内容的生产和应用，建设虚拟现实内容生产基地。

三是推动人工智能在文艺创作中的应用。鼓励运用人工智能技术手段进行文艺创作，推动文艺作品数字化生产、传播和欣赏，支持建设智能文学平台，开展文学作品生成、编辑、理解、分析等工作，开发基于人工智能的智能音乐制作系统，提升音乐创作能力和水平。

（五）推动人工智能与传统文化深度融合

传统文化是安徽省文化产业的宝贵资源，在文化产业高质量发展中发挥着重要作用，要充分发挥安徽省传统文化的价值和优势，将传统文化元素与人工智能技术相结合，通过人工智能赋能，推动安徽省优秀传统文化创造性转化、创新性发展，为文化产业发展提供不竭动力。

政府要加大对人工智能与传统文化融合发展的支持力度：一是要加强人工智能与传统文化融合发展的人才培养和引进，制定相关政策措施，加大对基础研究和核心技术研发的支持力度，为人工智能与传统文化融合发展提供智力支撑；二是要建立健全监管机制，完善行业标准，营造良好的市场环境，鼓励和支持人工智能企业和机构参与标准化工作；三是要加强产业合作与交流，围绕智能制造、智慧文旅、智慧健康等方面开展协同攻关和技术合作，打造具有安徽特色的人工智能与传统文化融合发展的品牌，并提升品牌影响力和美誉度。

加强安徽省优秀传统文化数字化资源保护，基于数据、信息和知识的新形态数字产品和服务，构建安徽省优秀传统文化数据资源体系，建立全省数字资源分类分级管理机制，以"一网两库一中心"为核心，实现省、市、县三级共建共享共用，在此基础上，推动人工智能技术在传统文化数字化资源保护、传承与利用等方面的应用。

随着人工智能技术的飞速发展，文化产业的面貌悄然改变。人工智能不再仅仅是作为一个工具或辅助手段，而是正成为推进产业创新和提升用户体验的重要力量。在这个数字化转型的时代，我们有必要重新审视人工智能技术与文化之间的联系，探究其如何塑造文化产业的未来。随着人工智能在更多领域的融入和拓展，它将继续深化文化产业的发展，将创意转化为现实，使文化焕发出新的活力。安徽省应当把握这一重大机遇，拥抱人工智能带来的变革，通过不断探索和尝试，将技术创新转化为文化产业发展的强大动力，携手开创安徽省文化产业高质量发展的新篇章。

第十六章　元宇宙视域下安徽省数字文化产业高质量发展策略

元宇宙，这一前沿概念最初孕育于科幻小说的奇幻世界之中。它主要依托于Web3.0技术，并融合了人工智能、虚拟现实、区块链及互联网等诸多尖端科技，构筑起一个前所未有的新型虚拟空间。在这个空间里，现实世界与虚拟世界得以无缝对接，相互交融，共同拓展边界。[1]而安徽省拥有丰富多彩、亟待挖掘和开发的文化产业资源。元宇宙概念的引入，为安徽省文化产业的发展注入了全新的活力，不仅为文化产业提供了创新的商业模式和保护机制，更为广大受众带来了前所未有的文化体验。本章旨在深入探讨安徽省如何把文化产业与元宇宙概念深度结合、开发相关虚拟产品、提升文化产品的附加值，进一步推动新型文化业态的形成，为安徽省数字文化产业的高质量发展提供有价值的参考对策。

一、元宇宙视域下安徽省文化产业发展现状

目前，安徽省文化产业规模逐步扩大，文化产业利润总额实现逐年增长。同时产业结构不断优化，新兴文化业态不断涌现，积极推动文化产业与科技融合，加快发展数字经济等新型文化业态。而元宇宙作为集多种新技术为一体的新型虚实相融的互联网应用和社会形态，如果使两者相互融合，则能够提高安徽省文化产业创新能力、竞争能力、应对风险能力。

---

[1] 周鑫、王海英、柯平等：《国内外元宇宙研究综述》，《现代情报》，2022年第12期。

(一)元宇宙的概念和内涵

元宇宙这一概念最早源于美国科幻作家尼尔·斯蒂芬森的科幻小说《雪崩》，其中描述了人们通过 VR 眼镜和应用程序在虚拟社会中生活，这一描述为后续元宇宙世界的完善，提供了启发性的创意。目前，元宇宙是作为一系列数字智能技术的统摄性应用构想和未来数智社会的轮廓描绘，它为区块链、人工智能、网络通信、云计算等处于高速发展时期的数字、网络、智能技术提供了一个集成式应用框架。[1] 它同时是一个超越现实维度的全新虚拟世界，它集先进科技之大成，融合人工智能、区块链、虚拟现实等多项尖端技术，构建出一个沉浸式的、无缝衔接的、高度交互的虚拟空间。在这个空间里，人类可以突破物理世界的限制，以数字身份自由穿梭于各种虚拟场景，体验前所未有的感官盛宴和社交互动。元宇宙不仅是对现实世界的延伸和拓展，更是对人类想象力和创造力的极致释放，它代表着未来数字文明的发展方向，引领着人类社会进入一个全新的虚拟时代。

元宇宙不是突然出现的产物，而是随着科技的进步逐渐衍生出来的。它经历了传统互联网场景，到移动互联网场景，再到元宇宙场景。元宇宙场景突破了物理时空限制，在真实的物理时空中创造出了一个平行的虚拟时空。在这一虚拟时空中，人们可以通过穿戴 VR 设备等，实现人与人之间的交互，同时进行文化信息交流活动。[2] 人成为与整个元宇宙世界相互联系的有机体，在虚拟世界中的物不再是"虚拟"的，而是带有元宇宙的符号，具有个人身份信息特征。

当前元宇宙的内涵是具有宏大的世界观的虚拟现实世界，但是发展还不够完善，需要实现技术升级和融合应用，将 VR 与 AR 以及人工智能与机器学习等技术结合，赋予元宇宙更强大的智能化特征，进一步丰富它的交互性和个性化。同时也需要与文化产业融合，在其他产业的带动下，促进产业升级，提供更丰富的应用场景和虚拟体验。此外，也需要成熟与完善的经济体系以及学术研究与知识管理创新等。这些趋势将共同推动元宇宙成为一个更加丰富、智能、经济且富有研究价值的虚拟世界。

---

[1] 黄安明、晏少峰：《元宇宙 开启虚实共生的数字平行世界》，中国经济出版社 2022 年版，第 3 页。

[2] 程絮森：《读懂元宇宙》，中国人民大学出版社 2022 年版，第 33 页。

（二）安徽省文化产业发展现状

安徽省文化产业近年来发展势头较为强劲，展现出蓬勃的活力与生机。安徽作为具有丰富文化资源的省份，依托深厚的文化底蕴，不断推动文化产业创新性发展，取得了较为显著的成果。

在文化产业结构方面，安徽省不断优化产业布局，形成了以传统文化产业为基础，新兴文化产业为动力的良好发展态势。传统文化产业如新闻出版、广播影视等持续稳健发展，同时，数字文化、创意设计、动漫游戏等新兴文化产业也呈现出快速增长的态势，为文化产业注入了新的活力。

在政策扶持方面，安徽省政府出台了一系列政策措施，为文化产业的发展提供了强有力的保障。这些政策包括财政资金支持、税收优惠、人才引进等，为文化企业提供了良好的发展环境。

在文化市场方面，安徽省积极培育文化消费市场，推动文化产品与服务的供给与需求有效对接。通过举办各类文化节庆活动、展览演出等，丰富了人民群众的精神文化生活，也拉动了文化消费的增长。

安徽省更加注重加强文化产业与其他产业的融合发展，推动文化产业与旅游、科技、教育等领域的深度融合，形成了一批具有地方特色的文化产业集群和品牌项目。总之，安徽省文化产业发展取得了显著成果，为推动全省经济社会发展作出了积极贡献。但是随着文化体制改革的深入和文化市场的不断扩大，其发展前景仍然面临着发展动力不足和创新不足的困境，需要元宇宙新兴元素注入新的发展动力。

二、元宇宙与安徽省文化产业结合发展分析

元宇宙和文化产业融合发展的应用场景是一个多维度的虚拟空间，它是对现实世界的一种虚拟化扩展。大量的用户可以通过虚拟角色或自身的身份与其他用户进行互动体验。

（一）文旅领域新体验

随着科技的飞速发展，元宇宙这一新兴概念正逐渐融入人们的日常生活，尤其在文旅领域，其应用前景广阔且充满无限可能。安徽黄山、天柱山、西

递宏村等著名景点,作为中国传统文化和自然风光的瑰宝,正积极探索与元宇宙的深度融合,以期在数字化时代焕发新的生机与活力。

元宇宙,作为虚拟与现实交织的新世界,为文旅资源的宣传和推广提供了全新的平台。传统的宣传方式往往局限于图片、文字和视频,难以全面展示景点的独特魅力和文化内涵。而元宇宙则能够通过高度逼真的三维建模和场景渲染,将景点的山水风光、历史建筑、民俗风情等细节展现得淋漓尽致。游客在元宇宙中可以自由探索,仿佛身临其境,能够感受到景点的魅力与特色。

对于安徽黄山、天柱山、西递宏村等景点来说,与元宇宙的结合不仅是一种宣传手段,更是一种文化传承和创新的方式。这些景点拥有丰富的历史文化和自然风光,是中华文明的瑰宝。通过元宇宙的呈现,这些景点的历史渊源、文化内涵和自然美景得以更加生动、直观地展现给广大游客,从而加深人们对中国传统文化的认识和理解。同时,元宇宙还为文旅产业带来了全新的商业模式。在景点设立元宇宙体验馆,游客可以在这里通过虚拟现实设备,进入元宇宙世界,体验景点的独特魅力。这种体验不仅让游客感受到前所未有的沉浸感和互动性,也为景区增加了新的收入来源。此外,元宇宙体验馆还可以结合气味布景等技术,让游客在虚拟世界中也能感受到真实场景的气息和氛围,进一步提升游客的体验和感受,同时弥补一些游客因为身体等原因不能登顶的遗憾。

元宇宙在文旅场景中的应用,不仅提升了游客的体验感和满意度,也为景区带来了更多的商业机会和发展空间。通过元宇宙平台,景区可以开展各种线上活动,如虚拟导游讲解、文化体验课程等,吸引更多游客关注和参与。同时,元宇宙还可以为景区提供数据分析和智能管理支持,帮助景区更好地了解游客需求和行为习惯,优化服务质量并提高运营效率。

(二)数字藏品新花样

数字藏品的应用前景十分广阔,在元宇宙这样一个虚拟与现实交织的世界,人们可以在其中进行各种社交、娱乐、商业等活动。在这个意义上,数字藏品更具有现实应用意义。值得一提的是,著名歌手周杰伦曾丢失价值数百万的数字藏品,让数字藏品进入了更多人的视线。

在元宇宙中,人们可以购买和拥有各种虚拟物品,如沙发、房屋、车辆

第十六章　元宇宙视域下安徽省数字文化产业高质量发展策略

等。这些虚拟物品将以数字藏品的形式存在，具有唯一性和不可复制性。人们可以将自己的个人烙印打在这些数字藏品上，展示自己的个性和品位。同时，这些数字藏品也可以在元宇宙中进行交易和流通，为持有者带来经济收益。[1] 此外，数字藏品还可以与元宇宙中的文化符号相结合，创造出更具文化价值的数字资产。以安徽省为例，其丰富的文化符号如寿州锣鼓（淮南）和五河民歌（蚌埠）等，但是都不为人知，这些文化符号酒香也怕巷子香。但是它们都可以通过数字产品的形式得到数字化呈现和推广。人们可以购买和收藏这些具有安徽特色的独特的数字艺术品，将其作为自己在元宇宙中的身份标识和文化象征。

安徽省作为中国历史文化的名省，拥有丰富的文化符号和特色。但是一些符号鲜为人知，将这些文化符号与数字藏品相结合，不仅可以推广安徽省本地文化，也可以为数字产品市场注入新的活力。迎客松作为安徽省的象征之一，也是最能代表徽派文化的元素，其独特的形态和寓意深受人们喜爱。将迎客松的形象转化为数字艺术品，不仅可以展示其独特的艺术价值，也可以让更多的人了解和认识安徽文化。同样，寿州锣鼓（淮南）和五河民歌（蚌埠）作为安徽的传统戏曲艺术，也可以通过数字藏品的形式得到数字化保存和传播，让更多的人感受到这些传统艺术的魅力。

（三）游戏体验新突破

在国产游戏市场的大潮中，一款名为《恋与深空》的乙女类 3D 互动游戏横空出世，以其精美的画面、生动的剧情和独特的互动体验，赢得了众多女性玩家的青睐。该游戏一经上线，便展现出强大的市场吸金能力，首周流水高达 1.5 亿，首月流水更是突破 5 亿大关，这样的成绩不仅证明了其本身的品质与魅力，也预示着国产乙女游戏市场的巨大潜力。《恋与深空》所属的游戏公司——叠纸科技有限公司（以下简称"叠纸"）——于 2016 年设立了芜湖分公司。而在 2024 年的全国七城打卡活动中，安徽省独占三个城市，分别是合肥、蚌埠、芜湖。其中的芜湖是一个历史悠久、文化底蕴深厚的城市，更是与叠纸有着不解之缘。其中，八社神灯和九十殿庙会这两个省级非遗项目，

---

[1] 宋芳斌、甘锋：《NFT 艺术品的风险与二元保护模式》，《南京社会科学》，2022 年第 8 期。

承载着芜湖人民的智慧和情感，是这座城市文化的重要组成部分，可以作为双方合作的契机。

《恋与深空》的开发团队和当地政府看到了合作的独特价值，通过游戏这一现代化的媒介，将这些传统文化元素融入游戏场景和卡牌中，让玩家在享受游戏乐趣的同时，也能感受到芜湖非遗文化的魅力。利用虚拟现实技术，将八社神灯和九十殿庙会的场景、人物、故事等元素一一还原到游戏中，让玩家仿佛置身于一个充满奇幻与浪漫色彩的虚拟世界。在这个虚拟世界中，玩家可以亲身感受到非遗八社神灯的神秘与魅力，体验到九十殿庙会的盛况与欢乐。他们可以与游戏中的NPC互动，了解这些文化的历史渊源和传承故事，也可以在游戏中完成各种任务和挑战，体验不同的故事情节和角色人生。这样的融合不仅让游戏更加生动有趣，也对芜湖文化的宣传和推广起到了积极的作用。通过游戏这一全球性的娱乐平台，更多的人得以了解和接触芜湖的独特文化，感受到这座城市的独特魅力。

值得一提的是，元宇宙作为一个虚拟与现实交织的新世界，游戏通过将芜湖非遗文化元素融入元宇宙中，不仅能够在虚拟世界中重现这些文化的魅力，还能够与现实世界进行互动和连接，为玩家带来更加沉浸式的体验。这种互利共赢的合作模式，不仅让《恋与深空》这款游戏焕发出更加绚丽的光彩，也为芜湖文化的传承和发展注入了新的活水。

（四）影视观赏新亮点

2019年12月，堡垒之夜（Fortnite）平台独家举办了科幻电影《星球大战：天行者崛起》的点映礼活动，粉丝们能在这个平台上看各种电影，玩光剑游戏，还能与导演的化身共舞一曲。各大元宇宙平台由此感受到了元宇宙这一元素对受众的吸引力。2020年4月，特拉维斯·斯科特（TravisScott）在堡垒之夜上举办的虚拟演唱会观看次数超过4500万次。[1] 这种观影方式结合了虚拟现实技术和影视娱乐的创新形式，通过虚拟现实的设备，观众们可以身临其境地参与到电影或电视剧的故事中，获得沉浸式的观影新体验。这种新型的观影方式不但改变了传统电影和电视剧的呈现方式，而且给观众带来了全新的参与感

---

[1] 程质彬：《安徽省文化产业与旅游产业融合发展实证研究》，《大理大学学报》，2020年第7期。

和互动感。

在"影视+元宇宙"中，观众不再是电影内容的被动消费者，而是一个积极主动的参与者。人们可以通过虚拟现实设备进入一个完全虚拟的世界，与影视剧中的角色实现互动，参与故事情节发展，甚至能够影响故事的最终走向。这种互动和参与能够让观众更加深入地品味影视作品中的内涵和情感。

此外，"影视+元宇宙"也为影视文化产业带来了许多商业机会和创新空间。通过虚拟现实技术，影视作品可以呈现出更加逼真和生动的场景和角色，提高观众的观影体验。[1] 与此同时，"影视+元宇宙"也可以为品牌商提供更多的营销手段，通过虚拟场景和角色的植入，实现品牌与影视作品的深度融合，提升品牌知名度和影响力。

（五）数字非遗新形象

数字非遗，作为现代科技与传统文化的完美结合，正日益成为展现民族瑰宝、传承历史记忆的重要载体。它借助数字化手段，将非遗项目以全新的形式呈现给公众，让古老的文化在现代社会中焕发出新的生机与活力。[2]

在安徽省，可以将《孔雀东南飞》与《六尺巷》两大非遗民间故事结合，利用其独特的文化内涵和深厚的历史底蕴，将其打造成安徽省数字非遗的璀璨明珠。《孔雀东南飞》，作为一部脍炙人口的民间传说，讲述了一段凄美的爱情故事；而《六尺巷》，则体现了古代中国人民的和谐共处之道，展现了中华传统美德。如今，借助元宇宙技术，将这两大非遗项目巧妙地结合在一起，打造出一部大型实景剧本杀互动演出。观众仿佛穿越时空，置身于一个充满神秘与奇幻的世界。在这里，他们将与不同的NPC相遇，每个NPC都有自己独特的台词和故事线，观众的选择将直接影响剧情的发展和结局的走向。此外，演出中还融入了丰富的安徽元素，使得整个故事更加丰富多彩。背景音乐采用了传统的安徽民歌，如繁昌民歌（芜湖）和贵池民歌（池州），这些旋律悠扬动听，为整个演出增添了浓郁的地方特色。同时，民间舞蹈如火老虎（淮

---

[1] 袁园：《元宇宙视野下文化产业的新业态、新趋势与新模式》，《深圳社会科学》，2024年第1期。

[2] 傅才武、明琰：《数字信息技术赋能当代文化产业新型生态圈》，《华中师范大学学报（人文社会科学版）》，2023年第1期。

南)和秧歌灯(滁州)也在演出中得到了精彩呈现,它们以独特的舞姿和韵律,展现了安徽人民的热情与活力。

此外,传统工艺制作技艺如太平府铜壶制作技艺(马鞍山)和徽墨制作技艺(绩溪县、歙县、黄山市屯溪区)等,也在演出中得到了巧妙运用。这些传统工艺不仅为演出提供了精美的道具和背景,更让观众在欣赏演出的同时,感受到了安徽传统文化的深厚底蕴。

通过元宇宙技术的运用,将《孔雀东南飞》与《六尺巷》两大非遗项目以及众多安徽元素融合在一起,打造出一部充满奇幻与浪漫的大型实景剧本杀互动演出。这不仅是对安徽非遗文化的一次全新诠释,更是对传统文化与现代科技完美结合的一次生动展示。我们相信安徽省数字非遗将继续在元宇宙空间中熠熠生辉。

三、元宇宙在安徽省文化产业发展中的风险

(一)技术风险

元宇宙,作为虚拟世界与现实世界的结合体,近年来备受瞩目。然而,当谈及其实际应用时,技术风险成为一道难以逾越的鸿沟。目前,技术发展尚未达到完全支撑元宇宙运行所需的高度,这导致了实际应用中的种种问题。

目前安徽省在科技方面较江浙沪地区来说,元宇宙技术还存在很多不足,直接影响了元宇宙的稳定性和流畅性。虚拟世界的构建需要强大的技术支持,包括高效的数据处理能力、逼真的图形渲染技术以及低延迟的网络传输等。然而,现有的技术水平在某些方面仍难以满足这些要求,导致元宇宙中的体验不够理想,甚至时常出现卡顿、崩溃等问题。

相关设备的价格也是阻碍安徽省"元宇宙+文化产业"普及的一大难题。要获得沉浸式的元宇宙体验,用户需要配备高性能的计算机、专业的虚拟现实头盔以及传感器等设备。然而,这些设备的价格往往十分昂贵,对于各个省份的普通消费者来说都是一笔不小的开销。这使得很多人对元宇宙望而却步,无法享受到其中的乐趣。

（二）安全风险

元宇宙在推动文化产业数字化进程的同时，也增加了文化数据收集、用户隐私保护等方面安全治理风险。一方面，像敦煌莫高窟、秦始皇兵马俑等文化遗产的数据采集和存储难度较大，像苏州缂丝、金石篆刻等工艺数据保护的安全度要求较高。另一方面，VR眼镜、智能手表等终端设备会采集眼动、声音、心率、血压等生物特征数据，特别是脑机接口等技术能够直接采集人的大脑数据。[1] 然而，个人数据一旦被不法分子获取，就可能被用于恶意目的，如身份盗窃、财务诈骗等，给用户带来极大的损失。不仅如此，元宇宙的开放性也意味着用户的隐私更容易受到侵犯，如何在保障用户体验的同时加强隐私保护，是元宇宙应用发展中亟待解决的问题。此外，诈骗活动在元宇宙中也变得更加隐匿。虚拟世界中的交易、互动往往涉及虚拟货币、数字资产等，这些资产具有匿名性、难以追踪等特点，使得诈骗行为更难以被察觉和打击。同时，元宇宙中的诈骗手段也日新月异，不法分子利用虚拟世界的特性，设计出各种复杂的诈骗套路，诱使用户上当受骗。

（三）法律风险

随着元宇宙这一前沿技术的快速发展，个人应用场景中的版权侵权问题日益凸显，给受害者维权带来了极大的困扰。元宇宙以其高度沉浸式和交互式的特性，为用户提供了一个全新的虚拟世界，但同时也为侵权行为提供了更多的机会。

在元宇宙中，个人创作的作品，无论是虚拟物品、场景设计还是创意概念，都承载着创作者的智慧和劳动成果。然而，由于元宇宙的开放性和匿名性，一些不法分子往往能够轻易盗用他人的作品，进行非法复制、传播甚至商业使用，严重侵犯了原创者的权益。尤其是利用数字藏品在价格上没有明确评估和定价体系，主观上存在交易信息不对称，拥有资金和信息优势的投机者或不法分子能轻易炒作和操纵数字藏品的交易价格，从其暴涨暴跌中获利，严重影响了数字市场的稳定性，为现实的经济带来巨大的风险性。[2]

---

[1] 张涵、许智鑫：《元宇宙赋能文化产业创新发展的应用路径和风险对策》，《互联网天地》，2023年第10期。

[2] 刘飞虎、马其家：《论数字藏品的双重属性、金融风险与监管因应》，《经贸法律评论》，2023年第2期。

对于受害者而言，维权之路可谓荆棘密布。一方面，元宇宙中的作品往往以数字化形式存在，难以进行有效的取证和追踪；另一方面，由于元宇宙的跨国界特性，法律管辖权的界定变得更为复杂，使得受害者难以找到合适的法律途径来维护自己的权益。同时还有元宇宙场景中出现的各种法律问题能否生搬硬套现实中的法律，以及国界模糊带来的法律适用性难题，也成为亟待解决的元宇宙发展困境。以上这些问题不是靠某个省份能够完全解决的，这也就导致了元宇宙与文化产业融合发展步履维艰。

（四）资本介入

安徽省文化产业与元宇宙应用的资本介入风险，是当下业界与投资者共同关注的重要议题。随着元宇宙技术的迅猛发展，其与文化产业的深度融合为安徽省乃至全国的文化创新与发展提供了广阔的空间。然而，在这股热潮中，资本介入所伴随的风险亦不容忽视。首先，安徽省文化产业在拥抱元宇宙技术时，需要警惕过度资本化的风险。资本的大规模涌入可能会引发行业泡沫，导致部分项目盲目追求短期效益，忽视长期的文化价值和社会影响。这种短视行为不仅可能损害文化产业的健康发展，还可能对安徽省的形象造成损害。

（五）文化冲突

元宇宙与文化产业的融合发展，无疑为文化创新与交流提供了前所未有的机遇。然而，在这一进程中，文化冲突风险亦不可忽视，尤其是由宗教信仰不同和地方文化差异所引发的误会，以及因不知情而对本地文化的冒犯。

宗教信仰的多样性是元宇宙中文化冲突的重要来源。在元宇宙的虚拟空间中，拥有不同文化背景和宗教信仰的用户汇聚一堂，他们的价值观、信仰和生活方式可能存在显著差异。如果这些差异未能得到妥善处理和尊重，很容易引发误解和冲突，甚至可能升级为宗教纷争，对元宇宙的和谐氛围造成破坏。

地方文化的差异也是元宇宙中文化冲突不可忽视的一面。每个地方都有其独特的文化传统、习俗和符号，这些文化元素在元宇宙中的呈现和传播，需要考虑到不同地域文化背景的用户的接受度和认同感。如果忽视了这一点，就可能导致文化误解和冒犯，损害元宇宙中文化交流的积极效果。[1]此外，由于元宇宙的开放性和匿名性，一些用户可能在不了解本地文化的情况下，无意中做出冒犯本地文化的行为。这种行为虽然可能并非出于恶意，但却可能引发本地文化群体的不满和反感，进而引发文化冲突。

四、元宇宙与安徽省文化产业结合发展的对策

（一）引领安徽省文化产业发展新方向

元宇宙作为新一代信息技术的集大成者，正在全球范围内掀起一场深刻的产业革命。对于安徽省文化产业而言，元宇宙的崛起无疑为其开辟了新的发展方向，注入了强大的动力。

元宇宙以其独特的沉浸式体验、高度互动性和无限拓展性，为安徽省文化产业带来了前所未有的发展机遇。通过元宇宙技术，安徽省丰富的文化遗产、历史遗迹和自然景观能够以全新的方式呈现给世人，使观众能够身临其境地感受安徽文化的魅力。同时，元宇宙也促进了安徽省文化产业的创新发展。传统的文化产品如戏曲、工艺品等，在元宇宙的加持下，能够以数字化、智能化的形式呈现，拓宽了传播渠道，提升了文化附加值。此外，元宇宙还为文化创意产业提供了广阔的空间，各种富有创意的数字内容、虚拟形象等层出不穷，为安徽省文化产业注入了新的活力。

（二）构建文化产业生态筑牢技术底座

元宇宙正以其独特的魅力引领安徽省文化产业迈向新的发展方向，而技术底座的构建与强化无疑是这一过程中不可或缺的关键环节。元宇宙的崛起，在深层次上推动了技术与文化的深度融合，为安徽省乃至全国的文化产业发展注入了新的活力。

在元宇宙的架构下，安徽省文化产业得以突破传统模式的束缚，实现更加多元化、立体化的展现。通过虚拟现实、增强现实等技术手段，安徽省丰富的历史文化资源在元宇宙中得到生动再现，让用户在沉浸式体验中感受文

---

[1] 李勇坚、张海汝：《推动元宇宙与文化产业融合发展》，《学习与探索》，2022年第9期。

化的魅力。技术底座的构建与强化，为元宇宙与文化产业的融合发展提供了坚实支撑。安徽省在推进文化产业发展的过程中，高度重视技术底座的建设，加大投入力度，不断提升技术水平。一方面，加强基础设施建设，包括5G网络、云计算、大数据等技术的布局和应用，为元宇宙的运行提供稳定可靠的技术保障；另一方面，推动技术创新与研发，鼓励企业、高校和科研机构等各方力量共同参与，形成产学研用一体化的创新体系，为元宇宙的发展提供源源不断的创新动力。

（三）聚焦高质量发展，防范资本炒作风险

聚焦高质量发展并防范资本炒作风险，是当前安徽省文化产业发展的重要课题。在追求文化产业高质量发展的道路上，我们必须坚持深化供给侧结构性改革，推动文化产业创新升级，同时加强对资本流动的监管，防范资本炒作带来的风险。

高质量发展是文化产业发展的核心目标。为了实现这一目标，我们需要从多个方面入手。首先，要加强文化创新，鼓励文化企业和创作者创作出更多具有思想性、艺术性、观赏性的优质作品，满足人民群众日益增长的精神文化需求。其次，要推动文化产业与科技、旅游等产业的融合发展，形成新的文化业态和增长点，提升文化产业的整体竞争力。最后，还要加强文化市场的规范和管理，打击侵权盗版等不法行为，维护文化市场的公平竞争秩序。

然而，在文化产业高质量发展的同时，我们也必须警惕资本炒作带来的风险。资本炒作往往以追求短期利益为目标，可能导致文化产业出现过度商业化、泡沫化等问题，损害文化产业的健康发展。因此，我们需要加强对资本流动的监管，防止资本过度涌入安徽省文化产业，导致市场失衡和风险积累。

（四）深化危机意识，培育安全治理意识

深化危机意识，培育安全治理意识，是安徽省文化产业健康发展的重要保障。在当前全球化、信息化的大背景下，安徽省文化产业面临着日益复杂多变的风险和挑战，因此，我们必须时刻保持清醒的头脑，增强危机意识，提升安全治理能力。

深化危机意识，就是要对文化产业发展中可能出现的各种风险和挑战保

持高度警觉。这包括但不限于市场风险、技术风险、政治风险、社会风险等。我们要认真分析这些风险的来源、特点和影响，建立风险评估和预警机制，及时发现并应对潜在的安全隐患。同时，我们还要加强宣传教育，提高文化企业和从业人员对危机的认识和应对能力，形成全员参与、共同防范的良好氛围。

培育安全治理意识，则是要在深化危机意识的基础上，构建科学有效的安全治理体系。这包括完善法律法规，加强文化市场的监管力度，打击违法违规行为，维护文化市场的秩序和公平竞争；加强技术创新和应用，提升文化产业的安全防护能力，防范网络攻击、数据泄露等安全风险；加强跨部门、跨领域的协作配合，形成合力应对复杂安全问题的有效机制。

通过深化危机意识和培育安全治理意识，为文化产业的发展提供一个更加稳定、安全的环境。推动文化产业自身的高质量发展，还能够增强人民群众的文化获得感、幸福感、安全感，满足安徽省人民群众对美好生活的向往。

（五）打造原创性 IP，激活产业动力

元宇宙作为一个新兴的数字虚拟空间，以其独特的沉浸式体验、开放性和创新性，为文化产业带来了前所未有的发展机遇。尤其在打造原创性 IP 方面，元宇宙以其独特的优势，正成为激活文化产业活力的重要引擎。元宇宙为原创性 IP 的创造提供了无限可能。在元宇宙中，创作者可以突破传统创作模式的限制，借助虚拟现实、增强现实等先进技术，将创意转化为丰富多样的数字内容。这种数字化创作方式不仅降低了创作门槛，还使得 IP 形象设计更加生动、立体，更易于吸引用户的关注。再者，元宇宙为原创性 IP 的推广和传播提供了广阔的平台。通过元宇宙的虚拟空间，原创性 IP 可以以更加直观、生动的方式呈现给用户，增强用户的沉浸感和体验感。同时，元宇宙的社交属性也使得用户可以在虚拟空间中与 IP 形象进行互动，进一步加深对 IP 的理解和认同。这种互动式的传播方式，不仅提高了 IP 的知名度和影响力，也为文化产业带来了更多的商业机会。

元宇宙还为原创性 IP 的商业化运作提供了创新的路径。在元宇宙中，原创性 IP 可以通过与品牌合作、开发衍生品等方式实现商业价值。这种商业化运作方式不仅为 IP 创作者带来了更多的收益，也为安徽省文化产业的发展注

入了新的动力。

综上,元宇宙的开放性和创新性为安徽省文化产业的发展提供了源源不断的动力。在元宇宙中,安徽省文化产业不仅仅可以专注自身发展,还可以与其他产业进行跨界合作,共同打造具有创新性和独特性的文化产品。这种元宇宙和安徽省文化产业的结合不仅可以拓展文化产业的发展空间,也可以为安徽省其他产业带来新的发展思路,从而从整体上推动安徽省数字经济的高质量发展。

参考文献

一、著作类

[1] 过劲松:《安徽统计年鉴》,中国统计出版社 2023 年版。

[2] 柏定国:《文化品牌学》,湖南师范大学出版社 2010 年版。

[3] [美] 埃里克·布莱恩约弗森、安德鲁·麦卡菲:《第二次机器革命 数字化技术将如何改变我们的经济与社会》,蒋永军译,中信出版社 2014 年版。

[4] 吴卫华:《机遇与挑战 大数据时代下的影视产业发展战略》,电子工业出版社 2018 年版。

[5] [美] 约翰·杜威:《民主主义与教育》,王承绪译,人民教育出版社 1990 年版。

[6] 王寒、卿伟龙、王赵翔等:《虚拟现实 引领未来的人机交互革命》,机械工业出版社 2016 年版。

[7] [美] 道格·罗斯:《智能系统与技术丛书 认识 AI 人工智能如何赋能商业 原书第 2 版》,刘强译,机械工业出版社 2021 年版。

[8] 黄安明、晏少峰:《元宇宙 开启虚实共生的数字平行世界》,中国经济出版社 2022 年版。

[9] 程絮森:《读懂元宇宙》,中国人民大学出版社 2022 年版。

二、期刊报纸类

[1]《百年大党面对面：九州激荡四海升腾》,《人民日报》,2022 年 6 月 2 日。

[2] 叶凌寒：《加快推动网络文化产业高质量发展》,《中国社会科学报》,2021 年 11 月 4 日。

[3] 吴玉红：《安徽文化创意产业发展问题研究》,《华东经济管理》,2020 年第 12 期。

[4] 田蕾：《我国数字文化产业发展的痛点和趋势》,《时代经贸》,2022 年第 17 期。

[5] 刘彤：《为知识产权保护健全机制打通路径》,《河北法制报》,2022 年 7 月 11 日。

[6] 张阳：《数字文化产业新业态探析——基于江苏省的调查》,《中国集体经济》,2023 年第 10 期。

[7] 华小昕：《浙江省数字文化产业发展研究》,《中国工程咨询》,2023 年第 11 期。

[8] 吕欢欢：《从"出圈"到"出海"——合肥包河区引领新"文""科"》,《中国青年报》,2024 年 2 月 6 日。

[9] 陈璐、郝挺雷：《我国区域数字文化产业竞争力评价研究》,《中国市场》,2023 年第 32 期。

[10] 郭艳：《数字赋能文化创意产业高质量发展》,《决策咨询》,2024 年第 1 期。

[11] 王彤悦：《我国数字文化产业政策梳理与分析》,《产业创新研究》,2023 年第 21 期。

[12] 沈鸿昌：《苏州数字文化产业人才培养的路径与对策》,《文化产业》,2024 年第 3 期。

[13] 邹统钎：《中国文化数字化发展现状、问题与对策》,《人民论坛·学术前沿》,2022 年第 23 期。

[14] 陈美华、黄轩、陈东有：《我国数字出版产业的困境及对策研究》,《江西社会科学》,2017 年第 12 期。

[15] 周娴:《数说江苏文化产业"这十年"》,《新华日报》,2022年1月28日。

[16] 张彦红:《"双循环"背景下河南省数字文化产业发展的路径研究》,《全国流通经济》,2021年第16期。

[17] 赵剑波、史丹、邓洲:《高质量发展的内涵研究》,《经济与管理研究》,2019年第11期。

[18] 黄群:《主责主业多点开花 皖新传媒2023年净利润同比增长32.21%》,《证券日报》,2024年4月18日。

[19] 安徽大学舆情与区域形象研究中心等机构:《安徽省城市形象传播力指数报告(2023)》,2024年1月23日。

[20] 丁仕潮、张飞扬:《数字经济驱动安徽省文化产业高质量发展探论》,《安庆师范大学学报(社会科学版)》,2023年第5期。

[21] 张莫、王璐、祁航:《"数字人才"需求旺盛》,《经济参考报》,2023年6月9日。

[22] 薛诗怡、张婧:《演艺产业统计困境及对策》,《上海艺术评论》,2020年第5期。

[23] 胡敏、洪敬谱:《安徽打造特色民营演艺产业》,《中国消费者报》,2009年8月12日。

[24] 王一鸣:《新型冠状肺炎对中国演艺产业的影响探究》,《重庆邮电大学学报(社会科学版)》,2021年第2期。

[25] 毕秋灵:《演艺产业的数字化发展路径》,《文化产业》,2022年第21期。

[26] 王立元:《安徽演艺集团:改革拓展出新市场》,《中国文化报》,2011年5月1日。

[27] 夏杰长、贺少军、徐金海:《数字化:文旅产业融合发展的新方向》,《黑龙江社会科学》,2020年第2期。

[28] 蔡尚伟、丁锦箫:《产业融合视阈下文旅产业与数字经济融合发展现状与对策——基于对成都的考察》,《广西社会科学》,2021年第1期。

[29] 杨君晓:《数字化背景下的文旅产品发展分析》,《城市建设理论研究(电子版)》,2020年第13期。

［30］夏杰长、徐金海：《以数字化推动文旅产业融合发展》，《经济参考报》，2020年3月31日。

［31］刘淑春：《中国数字经济高质量发展的靶向路径与政策供给》，《经济学家》，2019年第6期。

［32］许松：《地方传统文化产业的数字化转型——以W市影视产业的数字化发展为例》，《传媒经济与管理研究》，2022年第2期。

［33］程立茹：《我国电影产业数字化转型问题研究》，《人民论坛·学术前沿》，2019年第19期。

［34］谢晨静、朱春阳：《新媒体对中国电视剧产业制度创新影响研究——以视频网站为例》，《新闻大学》，2017年第4期。

［35］胡鹏林：《中国区域影视产业发展的类型、政策与路径》，《深圳大学学报（人文社会科学版）》，2022年第3期。

［36］朱新顺：《"互联网＋"时代在线教育研究与探索》，《现代信息科技》，2019年第22期。

［37］陈平：《提升新冠疫情期间网络教学效果的途径研究》，《黑龙江教师发展学院学报》，2020年第5期。

［38］卢迪、邱子欣：《5G新媒体三大应用场景的入口构建与特征》，《现代传播》，2019年第7期。

［39］喻君洁：《我国直播电商发展存在的问题及解决策略》，《商展经济》，2021年第24期。

［40］朱新英：《电商直播的现状、问题及发展策略》，《商场现代化》，2021年第11期。

［41］夏爽：《电商直播带货营销模式问题及对策研究》，《物流工程与管理》，2021年第6期。

［42］姚洪珊：《直播电商行业现状、问题与未来发展策略探讨》，《现代营销（信息版）》，2020年第5期。

［43］赵子忠、陈连子：《直播电商的传播理论、发展现状、产业结构及反思》，《中国广播》，2020年第9期。

［44］徐梅：《直播电商发展中存在的问题及对策研究》，《技术与市场》，2022年第2期。

[45] 臧程程、赵婷婷：《我国电商直播的发展现状、问题与规制路径》，《新媒体研究》，2021 年第 10 期。

[46] 王屹：《提升安徽动漫产业竞争力的途径研究》，《江淮论坛》，2016 年第 1 期。

[47] 王丹：《中国动漫产业现状与发展策略分析》，《改革与战略》，2014 年第 1 期。

[48] 陈劼：《厦门动漫游戏产业的现状调研与发展策略研究》，《大众文艺》，2019 年第 11 期。

[49] 李慧：《"互联网＋"时代我国动漫产业现状分析与创新发展策略探究》，《创新创业理论研究与实践》，2021 年第 3 期。

[50] 吴曼聆、蒋松奇、刘敏祎等：《浅谈中国动漫产业供给侧发展现状及应对策略》，《中国商论》，2020 年第 11 期。

[51] 何威、李玥：《2020 年中国数字游戏研究述评》，《文艺理论与批评》，2021 年第 3 期。

[52] 何威、张圣林、张羽莎：《数字游戏的现在与未来》，《鸭绿江（下半月版）》，2019 年第 1 期。

[53] 张卓一：《论数字游戏的资本增殖逻辑——以 MOBA 游戏〈王者荣耀〉为例》，《传媒论坛》，2022 年第 5 期。

[54] 王心荷、叶凤华：《数字记忆：数字游戏的记忆构建与文化传承——以〈绘真·妙笔千山〉为例》，《文化产业》，2022 年第 24 期。

[55] 刘瑛、李志如：《数字化技术转移为文化创新赋能》，《文化产业》，2023 年第 20 期。

[56] 王玉砚：《虚拟现实技术在环境设计教学改革中的应用》，《鞋类工艺与设计》，2023 年第 12 期。

[57] 王雅：《虚拟现实技术在传统戏剧舞台中的应用策略》，《艺术教育》，2023 年第 9 期。

[58] 齐建亮：《虚拟现实技术在电脑游戏中的有效应用》，《数字通信世界》，2022 年第 5 期。

[59] 王铭林：《虚拟现实技术在龙山文化带和黄河文化带文旅项目中的应用研究》，《玩具世界》，2023 年第 3 期。

[60] 林春霞:《人工智能潜能将持续迸发》,《中国经济时报》,2023年10月27日。

[61] 杨述明:《人工智能劳动工具属性的生成逻辑与社会适应》,《江汉论坛》,2024年第4期。

[62] 王继红:《安徽文化创新与文化产业发展对策研究》,《现代商业》,2011年第27期。

[63] 巩立超:《区域特色文化产业创新发展的路径选择》,《产业创新研究》,2023年第15期。

[64] 戴俊骋、陈芳娌:《面向数字文化产业的文化金融支持体系创新研究》,《中国文化产业评论》,2023年第2期。

[65] 周鑫、王海英、柯平等:《国内外元宇宙研究综述》,《现代情报》,2022年第12期。

[66] 宋芳斌、甘锋:《NFT艺术品的风险与二元保护模式》,《南京社会科学》,2022年第8期。

[67] 程质彬:《安徽省文化产业与旅游产业融合发展实证研究》,《大理大学学报》,2020年第7期。

[68] 袁园:《元宇宙视野下文化产业的新业态、新趋势与新模式》,《深圳社会科学》,2024年第1期。

[69] 傅才武、明琰:《数字信息技术赋能当代文化产业新型生态圈》,《华中师范大学学报(人文社会科学版)》,2023年第1期。

[70] 张涵、许智鑫:《元宇宙赋能文化产业创新发展的应用路径和风险对策》,《互联网天地》,2023年第10期。

[71] 刘飞虎、马其家:《论数字藏品的双重属性、金融风险与监管因应》,《经贸法律评论》,2023年第2期。

[72] 李勇坚、张海汝:《推动元宇宙与文化产业融合发展》,《学习与探索》,2022年第9期。

[73] 方胜、张佳齐、孙丹丹:《安徽省技艺类非物质文化遗产的保护与传承》,《安徽理工大学学报(社会科学版)》,2022年第4期。

[74] 姚国章、周敏:《非物质文化遗产数字化及其发展历程探索》,《经济研究导刊》,2021年第28期。

[75] 杨洋、唐萍珊、袁淋：《基于数字技术的非遗保护与传承现状研析》，《海峡科技与产业》，2022年第6期。

[76] 唐杰晓、曹烨君：《论安徽古村落非物质文化遗产"数字化"保护与开发》，《合肥师范学院学报》，2020年第4期。

[77] 姚远、褚力：《非物质文化遗产数字化保护中的问题及对策——以寿州窑为例》，《安徽理工大学学报（社会科学版）》，2018年第6期。

[78] 郭延龙、郑晶晶：《安徽省宣纸制作技艺传承与发展问题探讨》，《兴义民族师范学院学报》，2022年第1期。

[79] 韩东林、巫政章：《我国数字文化产业区域竞争力评价——基于长三角、珠三角、京津冀的比较分析》，《武汉商学院学报》，2022年第1期。

[80] 祖令：《基于技术创新视角下的文化产业发展研究》，《现代商业》，2015年第31期。

三、学位论文类

[1] 朱丽娇：《我国文化产业数字化赋能效应及其区域异质性研究》，硕士学位论文，长春理工大学，2022年。

[2] 周笑晗：《我国省域数字文化产业竞争力评价及差异研究》，硕士学位论文，河南财经政法大学，2023年。

[3] 张兆友：《山东省数字文化产业竞争力研究》，硕士学位论文，山东大学，2021年。

[4] 李冰鑫：《数字经济对文化产业高质量发展的影响研究——基于省级面板数据》，硕士学位论文，山东大学，2023年。

[5] 饶俊思：《电商直播营销应用及发展策略研究——以淘宝直播为例》，硕士学位论文，南京师范大学，2019年。

[6] 任新新：《中国动漫产业现状及发展策略分析——以华特迪士尼公司为例》，硕士学位论文，北京交通大学，2015年。

[7] 李爽：《当代中国动漫衍生产品开发现状及发展对策研究》，硕士学位论文，陕西科技大学，2013年。

[8] 张锦：《基于沉浸式文化体验的影像应用研究——以〈纳西秘境〉交

互影像设计为例》，硕士学位论文，云南艺术学院，2020 年。

[9] 张伟坤：《安徽省文化产业安全评价研究》，硕士学位论文，安徽工程大学，2018 年。

四、研究报告和政府通告类

[1] 文化和旅游部：《文化和旅游部关于推动数字文化产业高质量发展的意见》，2020 年 11 月 18 日。

[2] 安徽省统计局：《2023 年我省文化产业发展新动能进一步增强》，2024 年 3 月 18 日。

[3] 安徽省文化和旅游厅：《关于印发安徽省"十四五"文化和旅游发展规划的通知》，2021 年 8 月 18 日。

[4] 安徽省人民政府办公厅：《关于印发加快发展数字经济行动方案（2022—2024 年）的通知》，2022 年 8 月 18 日。

[5] 中华人民共和国国务院：《文化部关于推动数字文化产业创新发展的指导意见》，2017 年 4 月 11 日。

[6] 中国信息通信研究院：《电信业数字化转型发展白皮书（2022 年）》，2023 年 1 月 8 日。

[7] 中国互联网协会：《中国互联网发展报告（2021）》，2021 年 7 月 13 日。

[8] 中国互联网络信息中心：第 53 次《中国互联网络发展状况统计报告》，2024 年 3 月 22 日。